W0406333

Claudia Angele/Dunja el Missiri

Komm, ich zeig dir meine Kirche! – Komm, ich zeig dir meine Moschee!

Erprobte Unterrichtsbausteine
für gemeinsames Lernen von Kindern
christlichen und muslimischen Glaubens

ab 3./4. Klasse

Kopiervorlagen mit Lösungen

BRIGG Pädagogik

Gedruckt auf umweltbewusst gefertigtem, chlorfrei gebleichtem
und alterungsbeständigem Papier.

1. Auflage 2012
Nach den seit 2006 amtlich gültigen Regelungen der deutschen Rechtschreibung
© by Brigg Pädagogik Verlag GmbH, Augsburg
Alle Rechte vorbehalten.
Das Werk und seine Teile sind urheberrechtlich geschützt. Jede Nutzung in anderen als den gesetzlich zugelassenen Fällen bedarf der vorherigen schriftlichen Einwilligung des Verlages.
Hinweis zu § 52 a UrhG: Weder das Werk noch seine Teile dürfen ohne eine solche Einwilligung eingescannt und in ein Netzwerk eingestellt werden. Dies gilt auch für Intranets von Schulen und sonstigen Bildungseinrichtungen.
Illustrationen: Gisela Glucker

ISBN 978-3-87101-**647**-9 www.brigg-paedagogik.de

Inhalt

Vorwort

Im Rahmen unserer Tätigkeit in der Ausbildung von Lehrerinnen und Lehrern und durch die eigene Berufspraxis und -erfahrung hat sich die Auseinandersetzung mit anderen Religionen über authentische Vertreter/-innen als unverzichtbar für Interreligiöses Lernen gezeigt.

Durch unsere gemeinsame Arbeit hatten wir die Möglichkeit jeweils aus der Perspektive der eigenen Religion heraus, sowohl Unterrichtsmaterial für den christlichen Religionsunterricht und den islamischen Religionsunterricht zu entwickeln als auch miteinander und von einander zu lernen. In diesem Kontext entstand unser erster gemeinsamer Artikel in „Notizblock – Materialdienst für Religionslehrerinnen und Religionslehrer in der Diözese-Rottenburg Stuttgart, Heft 45/2009“. Dabei war es uns ein Anliegen im gemeinsamen Diskurs Konvergenzen herauszuarbeiten und uns auf Divergenzen einzulassen.

Ein Dank gilt unseren Studentinnen und Studenten, die durch ihren Einsatz unsere Arbeit bereichert haben: Rachel Karp, Melanie Weishaupt, Sibel Güleç und Christoph Schweizer. Ferner möchten wir uns auch bei Sherine Elsayed für das Lektorat der arabischen Fachbegriffe bedanken. Wir danken der Hauptabteilung Schulen der Diözese Rottenburg – Stuttgart für die Möglichkeit, durch die vorliegende Veröffentlichung das Unterrichtsmaterial unseres gemeinsamen Artikels einem weiteren Leserkreis zur Verfügung zu stellen.

Wir wünschen Ihnen bei der Unterrichtsvorbereitung und -durchführung viel Freude in der interreligiösen Auseinandersetzung. Über weitere Anregungen und Ergänzungen freuen wir uns!

Claudia Angele, Dunja el Missiri
Weingarten im November 2011

Claudia Angele/Dunja el Missiri: Komm, ich zeig dir meine Kirche! – Komm, ich zeig dir meine Moschee! · Best.-Nr. 647
© Brigg Pädagogik Verlag GmbH, Augsburg

Vorbemerkungen

Zum Interreligiösen Lernen im weiteren Sinne gehört nach Stephan Leimgruber[1] die indirekte Vermittlung von Informationen über eine andere Religion durch Medien verschiedenster Art. Als einen „‚Königsweg‘ für interreligiöses Lernen“ (Interreligiöses Lernen im engeren Sinne) bezeichnet Leimgruber die Möglichkeit der direkten Begegnung zwischen Angehörigen verschiedener Religionen[2]. Die Begegnung mit authentischen Zeugnissen der jeweiligen Religion, zu denen beispielsweise der Versammlungsort der betreffenden Religion gehört, eröffnet Möglichkeiten interreligiösen Lernens in einem weiteren Sinne (Austausch von Informationen bei Vor- und Nachbereitung der Besuche) und in einem engeren Sinne (Begegnung mit Angehörigen der jeweiligen Religion, z. B. beim Besuch des Versammlungsortes und bei direktem Austausch im Gespräch)[3]. Im Blick auf interreligiöses Lernen am Beispiel Islam – Christentum sind diese Versammlungsorte die Moschee und die Kirche[4], auf die sich der nachfolgende Unterrichtsvorschlag bezieht.

Eine christliche Kirche ist ein sakraler Raum, ein Raum also, der – im Unterschied zu profanen Räumen – religiösen Zwecken dient, ein heiliger Raum. Dabei unterscheidet sich das katholische vom evangelischen Kirchenraumverständnis insofern, als im evangelischen Verständnis eine Kirche nie sakraler Raum an sich ist, sondern nur im gottesdienstlichen Gebrauch heiliger Raum ist[5].
Nach katholischem Verständnis ist der Kirchenraum sakraler Raum an sich, unabhängig davon, ob darin gerade eine gottesdienstliche Feier stattfindet oder nicht[6].

Muslime verstehen die Moschee (Masdjid)[7] nicht wirklich als „Sakralraum“ oder Gotteshaus, die Moschee ist vielmehr ein Gebetshaus für die gemeinschaftliche Hinwendung zu Gott. Das arabische Wort Masdjid heißt wörtlich übersetzt „Ort der Niederwerfung“. Muslim sein bedeutet „gottergeben“ zu sein; Muslime verstehen sich als Gottesdiener. Die Moschee ist ein (möglicher) Ort, um Gottesdienst zu verrichten. Man unterscheidet zwischen verschiedenen Moscheetypen: Stadtteilmoschee, Zentralmoschee, Moschee-Medressen u. a. Außerdem gibt es Moscheen, in denen v. a. zu bestimmten Anlässen gebetet wird, z. B. Grabmoschee oder Freitagsmoschee. Gemäß den Bautraditionen der jeweiligen Länder haben sich Moscheen in Außen- und Innenarchitektur unterschiedlich entwickelt.
Die sunnitische Kuppelmoschee ist ein Baukomplex mit Minarett (Manara), Kuppel und Gebetssaal (Musalla), deren Anzahl von der Größe der Moschee abhängt. Minarett und Kuppel schließen gewöhnlich mit einem Halbmond als äußerlich erkennbares Glaubenszeichen ab. Größere Moscheen haben einen Vorhof/Hof mit Weiher, Brunnen, Brunnenhäusern oder anderen Waschgelegenheiten. Schon im frühen Islam war die Moschee ein religiöses, theologisches, politisches und soziales Zentrum, aber auch Herberge und Hospital. In Deutschland leisten Moscheen und ihre Gemeinden häufig neben den religiösen Diensten auch „Integrationsarbeit“, in dem sie Deutschkurse, Nachhilfeunterricht für Schülerinnen und Schüler oder Freizeitaktivitäten insbesondere für Jugendliche anbieten. Auch zu gesellschaftlichen Anlässen und zum Feiern von Festen werden Moscheen genutzt. Moscheen in Deutschland sind daher soziale und wissenschaftliche Einrichtungen. Sie umfassen neben den Gebetssälen und den Waschräumen häufig Büchereien, Unterrichtsräume, Jugendräume, Küche, Caféterien und Lebensmittelgeschäfte. In den Moscheen findet häufig auch die Koranschule statt, in der muslimische Schülerinnen und Schüler Arabisch und die rituelle Glaubenspraxis erlernen.
Den finanziellen Möglichkeiten und den Spenden der jeweiligen muslimischen Gemeinde entsprechend kann die Moschee beispielsweise auch „nur“ in einer 1–2-Zimmerwohnung, Garage, einem Lagerraum, etc. eingerichtet sein.

---

1 Leimgruber, Stephan (2007): Interreligiöses Lernen. München: Kösel Verlag, S. 20–21.
2 Leimgruber, Stephan (2007): Interreligiöses Lernen. München: Kösel Verlag, S. 21 und S. 101.
3 Vgl. auch: Leimgruber, Stephan (2007)
4 Der Beitrag konzentriert sich bezüglich des Kirchenraumes in der weiteren Ausdifferenzierung der Unterrichtsmaterialien auf den katholischen Kirchenraum.
5 Vgl. Raschzok, Klaus (2006), in: Meyer-Blanck, Michael/Fürst, Walter (Hrsg.) (2006): Typisch katholisch – typisch evangelisch. Ein Leitfaden für die Ökumene im Alltag. Freiburg: Herder Verlag, S. 133.
6 Vgl. Gerhards, Albert (2006), in: Meyer-Blanck, Michael/Fürst, Walter (Hrsg.) (2006): Typisch katholisch – typisch evangelisch. Ein Leitfaden für die Ökumene im Alltag. Freiburg: Herder Verlag, S. 126.
7 im Türkischen: Cami oder Mescid genannt.

Claudia Angele/Dunja el Missiri: Komm, ich zeig dir meine Kirche! – Komm, ich zeig dir meine Moschee! · Best.-Nr. 647
© Brigg Pädagogik Verlag GmbH, Augsburg

Der Innenbereich, die Räume einer Moschee sind häufig mit vielen Teppichen, auf denen sich Linien zur Orientierung beim gemeinschaftlichen Gebet befinden, ausgelegt. Die Gebetsrichtung (Qibla) gen Mekka bzw. Kaaba wird durch die Gebetsnische (Mihrab) an der Wand angedeutet. Es gibt ein Bildverehrungsverbot im Islam, das sich v. a. auf die Abbildung von Gott und allen Propheten bezieht. Daher hat sich die Kunst der arabischen Kalligrafie und Ornamentik entwickelt.[8] In Moscheen sind oft die 99 Namen Gottes, Namen von Propheten und wichtigen Persönlichkeiten, wie den vier rechtgeleiteten Kalifen, aber auch Verse (Ayat) oder Kapitel (Suren) aus dem Koran in arabischer Schrift dargestellt. Neben diesen Kalligrafien dienen oft Lampen, Leuchter und Teppiche der meditativen Gestaltung des Gebetsraumes.

Um einen Kirchenraum zu entdecken und die einzelnen Elemente, wie etwa Ambo, Altar, Kniebänke, Orgel und viele andere, kennenzulernen, empfiehlt sich neben der unterrichtlichen Erarbeitung in jedem Falle eine Erkundung vor Ort, ein Kirchenbesuch. Die Kontaktaufnahme zur zeitlich-organisatorischen Absprache eines Kirchenbesuches erfolgt am besten über das zuständige Pfarramt der jeweiligen Pfarrgemeinde vor Ort.

Auch eine Moschee kann am Besten vor Ort erkundet werden. Die Vorbereitung eines Moscheebesuchs gestaltet sich besonders in der Kontaktaufnahme schwieriger. Es bietet sich an, den ersten Kontakt über muslimische Eltern zu der jeweiligen Moscheegemeinde herzustellen. Da die verschiedenen Moscheen in Deutschland als Vereine und nicht als Glaubensgemeinschaften geführt werden, sollte man sich im Vorfeld Informationen einholen und die betreffende Moscheegemeinde besuchen. In regelmäßigen Abständen werden Tage der offenen Tür, Flohmärkte und Moscheeführungen angeboten – häufig sind diese Termine auch vor der Moschee ausgehängt. Auf die islamischen Kleidungsvorschriften in der Moschee (Kopftuch und vollständig bedeckter Körper für die Frau, bei Männern sollte die Kleidung bis über die Knie und Ellenbogen reichen) wird für Christinnen und Christen – bei solchen Veranstaltungstagen – verzichtet, nicht aber darauf, dass man die Gebetsräumlichkeiten ohne Schuhe betritt. Zum Mittagsgebet[9] am Freitag sind die Moscheen in der Regel gut besucht, sodass man auch direkt vor Ort Informationen bekommen kann.
Klassische Moscheebauten, wenn auch türkisch geprägt, sind in Deutschland v. a. die Moscheen der DITIB-Gemeinden der Türkisch-Islamischen Union der Anstalt für Religion e. V.[10]

Kurze Sachinformationen zur Moschee und zum Kirchenraum, ihren jeweiligen einzelnen Elementen und deren Bedeutung finden sich im Glossarteil dieses Beitrags (siehe Seite 36 ff.).

8 siehe Unterrichtsmaterial, S. 28.

9 Gebetszeiten können über www.islam.de in Erfahrung gebracht werden.

10 DITIB (türk.: *Diyanet İşleri Türk İslam Birliği*) ist die Türkisch-Islamischen Union der Anstalt für Religion e.V. Über das Internet unter http://www.ditib.de/ kann man sich über die nächstgelegene DITIB-Moschee informieren und erhält dort auch weiterführende Informationen.

Claudia Angele/Dunja el Missiri: Komm, ich zeig dir meine Kirche! – Komm, ich zeig dir meine Moschee! · Best.-Nr. 647
© Brigg Pädagogik Verlag GmbH, Augsburg

Bezug zum Bildungsplan

Bildungsplan GS, Klasse 3/4: katholische Religionslehre

Der Bildungsplanbezug für katholische Religionslehre wird nachfolgend exemplarisch am Beispiel der aktuell gültigen Bildungspläne Baden-Württembergs und Bayerns aufgezeigt. Bezüge zu Bildungsplänen anderer Bundesländer sowie Bezüge zum Bildungsplan für Evangelische Religionslehre und für andere Fächer können von der Lehrkraft analog hergestellt werden.

Die in der Tabelle genannten Kompetenzen stellen eine Auswahl aus dem Bildungsplan katholische Religionslehre, Baden-Württemberg dar[11]:

Übergeordnete Kompetenzen	Teilkompetenzen	Inhalte
Fachkompetenz – fachspezifisches Grundwissen aneignen – mit Inhalten und Ausdrucksformen anderer Religionen auseinandersetzen und Achtung und Verständnis entwickeln **Soziale Kompetenz** – Kommunikations- und Teamfähigkeit üben **Methodenkompetenz** – Arbeiten selbstständig ausführen	**7. Religionen und Weltanschauungen** Die Schülerinnen und Schüler • können vom christlichen Glauben erzählen: das wichtigste Gebet/ Bekenntnis, das wichtigste Fest, die heilige Schrift, der Versammlungsort, der Glaube an den einen Gott; • können vom islamischen Glauben erzählen: das wichtigste Fest, die Heilige Schrift, der Versammlungsort, der Glaube an den einen Gott.	**Andere Religionen kennenlernen** • Islam (Allah, Koran, Wallfahrt nach Mekka, Moschee, die „fünf Säulen“ des Islam)

Im Grundschullehrplan für katholische Religionslehre in Bayern[12] finden sich wesentliche Anknüpfungspunkte in Klasse 4:
In der Themeneinheit „Menschen mit anderen religiösen Überzeugungen begegnen“ sollen die Schülerinnen und Schüler Grundzüge des Islams kennenlernen und dabei auf Gemeinsamkeiten zwischen Muslimen und Christen aufmerkam werden[13]. Als Anregung zu fächerverbindendem und projektorientiertem Lernen wird hierbei der Besuch eines Gebetsraumes oder einer Moschee vorgeschlagen[14]. Dieser kann mittels der Unterrichtsbausteine in der vorliegenden Arbeitshilfe vorbereitet, durchgeführt und nachbereitet werden.

Claudia Angele/Dunja el Missiri: Komm, ich zeig dir meine Kirche! – Komm, ich zeig dir meine Moschee! · Best.-Nr. 647
© Brigg Pädagogik Verlag GmbH, Augsburg

11 Vgl. Ministerium für Kultus, Jugend und Sport Baden-Württemberg (Hrsg.): Bildungsplan 2004, Grundschule, S. 32/33/39
12 Vgl. *http://isb.bayern.de/isb/download*, S. 225–226
13 Vgl. *http://isb.bayern.de/isb/download*, S. 225
14 Vgl. *http://isb.bayern.de/isb/download*, S. 226

Bildungsplan GS, Klasse 3/4: islamische Religionslehre (Modellversuch Baden-Württemberg)

Übergeordnete Kompetenzen	Teilkompetenzen	Inhalte
Fachkompetenz – fachspezifisches Grundwissen aneignen – mit Inhalten und Ausdrucksformen anderer Religionen auseinandersetzen und Achtung und Verständnis entwickeln **Soziale Kompetenz** – Kommunikations- und Teamfähigkeit üben **Methodenkompetenz** – Arbeiten selbstständig ausführen	**7. Religionen und Weltanschauungen** Die Schülerinnen und Schüler • werden aufmerksam auf den Wert der Religionen und können mit Offenheit und Achtung den Menschen, unabhängig von individueller Anschauung und Konfession, begegnen; • wissen, dass Christen und Juden sich zur Verantwortung vor Gott bekennen; • wissen, dass Christen und Juden, die Leute der Schrift (…), Geschwister im Glauben an den einen Gott sind.	**Ich bete** • Sich an Gott wenden • Das Pflichtgebet gibt dem Gläubigen immer wieder Gelegenheit, sich auf sein eigentliches Ziel zu besinnen, Gott zu loben und zu danken, ... • Das Freitagsgebet Die an Gott glauben, werden nicht traurig sein • Religion im Gespräch

Anmerkung: Die genannten Kompetenzen sind nicht die einzig möglichen, sondern stellen eine Auswahl dar. Bezüge zum Bildungsplan für evangelische Religionslehre und andere Fächer müssen von der Lehrperson selber gefunden und umgesetzt werden.

Claudia Angele/Dunja el Missiri: Komm, ich zeig dir meine Kirche! – Komm, ich zeig dir meine Moschee! · Best.-Nr. 647
© Brigg Pädagogik Verlag GmbH, Augsburg

Didaktische Überlegungen

Ziel der vorliegenden Unterrichtsbausteine ist die Vorbereitung, Durchführung und Nachbereitung des Besuchs einer Moschee und einer katholischen Kirche sowie deren Erkundung mit den Schülerinnen und Schülern. Begleitend soll hierfür ein Info-Büchlein mit den Schülerinnen und Schülern erarbeitet und zusammengestellt werden, in dem wichtige Informationen zu Moschee und Kirche in Bildern und Texten gesammelt sind. Die Auswahl der Bild- und Textelemente zu „Moschee" und „Kirche" orientiert sich zum einen am interreligiösen Ansatz dieses Unterrichtsbeitrags im Kontext „Islam und Christentum" sowie am Bildungsplan für katholische Religionslehre, Grundschule bzw. islamische Religionslehre, Grundschule (Modellversuch Baden-Württemberg).

An Schulen, an denen aufgrund des Modellversuchs zum islamischen Religionsunterricht eine islamische Religionslehrerin / ein islamischer Religionslehrer und eine Lerngruppe mit muslimischen Schülerinnen und Schülern sind, kann der Besuch der Moschee und der Kirche in direkter Kooperation zwischen der islamischen und der katholischen Religionsgruppe organisiert werden. Findet kein islamischer Religionsunterricht an der Schule statt, kann die katholische Religionslehrerin/der katholische Religionslehrer muslimische Schülerinnen und Schüler der Klassenstufe und/oder deren Eltern als Expertinnen und Experten in den Unterricht und zur Erkundung einladen.

Da die verschiedenen Aufgaben in einer Moschee häufig ehrenamtlich von verschiedenen Personen übernommen werden, sollte man vorab in Erfahrung bringen, wer Moscheeführungen organisiert und inwieweit Deutschkenntnisse vorhanden sind. Nicht immer ist hierfür der Vorbeter (Imam) zuständig, ggf. ist eine Übersetzerin/ein Übersetzer notwendig – dies könnten im Sinne eines interreligiösen Dialogs auch muslimische Schülerinnen und Schüler und/oder deren Eltern aus den Klassenstufen der katholischen Lerngruppen übernehmen.

Der Ablauf und die Inhalte eines Moscheebesuchs sollten ebenfalls vorher abgesprochen werden – evtl. lässt sich ein Gebetsrufer (Muezzin) oder Vorbeter (Imam) gewinnen, der während des Moscheebesuchs den Gebetsruf (Adhan) bzw. kurze Koransuren rezitiert und die verschiedenen Gebetsstellungen während des rituellen Gebets zeigt.

Vorbereitend auf den Besuch der Moschee könnten die für die Moscheeführung verantwortliche Person oder muslimische Schülerinnen und Schüler in den Religionsunterricht eingeladen werden.

Die Schülerinnen und Schüler lernen nicht nur eine Moschee bzw. eine Kirche von außen und von innen als Gesamtes kennen, sondern auch deren jeweilige kennzeichnenden Elemente in der Außenansicht bzw. im Innenraum.

Bei der Auswahl der einzelnen Elemente im Blick auf die Moschee bzw. die Kirche (vgl. **M 3a** und **M 3b**) wurden die jeweils für den Versammlungsort spezifischen und zentralen ausgewählt.

Claudia Angele/Dunja el Missiri: Komm, ich zeig dir meine Kirche! – Komm, ich zeig dir meine Moschee! · Best.-Nr. 647
© Brigg Pädagogik Verlag GmbH, Augsburg

Unterrichtsbausteine

Der nachfolgende Unterrichtsvorschlag ist als eine Reihe von Unterrichtsbausteinen konzipiert, die in drei Kategorien gegliedert sind:

- Unterrichtsbausteine, die den Moschee-/Kirchenbesuch vorbereiten,
- Unterrichtsbausteine während des Moschee-/Kirchenbesuchs,
- Unterrichtsbaustein zur Nachbereitung des Moschee/Kirchenbesuches und ergänzender bzw. begleitender Unterrichtsbaustein.

Dennoch geben die Unterrichtsbausteine nicht in jedem Falle zwingend eine chronologische Abfolge vor. Je nach Schulsituation und Lernsituation der Religionsklassen können die einzelnen Bausteine von der Lehrerin/dem Lehrer ausgewählt und neu geordnet werden sowie eigene Schwerpunkte gesetzt werden. Wesentliches Element bleibt allerdings im Sinne des in den Vorbemerkungen beschriebenen Verständnisses von interreligiösem Lernen der Besuch einer Moschee und einer katholischen Kirche sowie das begleitende Erstellen eines Info-Büchleins zu Moschee/Kirche.

Baustein 1 Gestalten eines Info-Büchleins Moschee – Kirche

Materialien:
M 1 – M 7, es können auch einzelne Materialien ausgewählt werden

Begleitend zur thematischen Einheit Moschee/Kirche kann ein Info-Büchlein in DIN-A5-Format mit den Schülerinnen und Schülern erstellt werden, in dem alle wichtigen Informationen gesammelt werden. Neben der Ergebnissicherung impliziert die Herstellung eines eigenen kleinen Buches ein hohes Maβ an Motivation für die Schülerinnen und Schüler.
Insbesondere alle Bilder zu Moschee bzw. zu Kirche (**M 7a** und **M 7b**) finden Platz in diesem Info-Büchlein. Hierzu werden die Materialien **M 7a** und **M 7b** in Schüleranzahl kopiert. Für die Buchseiten wird am besten Papier in DIN-A5-Format zugeschnitten, welches mindestens Tonpapierstärke besitzt. Auch der Lückentext (**M 4a** und **M 4b**) und die Such- und Arbeitsaufträge (**M 5a/5b** und **M 6a/6b**) und /oder die Fragen und Antworten aus der Fragebox (siehe Baustein 7) können im Verlauf des Unterrichtsprozesses in das Info-Büchlein mit aufgenommen werden.
Zum Aufbewahren der einzelnen (noch nicht ganz fertig gestellten) Buchseiten im Unterrichtsprozess bieten sich Klarsichthüllen oder Ähnliches an. Am Ende der thematischen Einheit können die einzelnen Buchseiten gelocht und mittels eines Bandes zusammengefasst oder aber in Spiralbindung gebunden werden. Alternativ kann das Info-Büchlein vorbereitend auf die Unterrichtseinheit mit den ausgewählten Materialien gebunden und als Arbeitsbuch für die Lerngänge eingesetzt werden.

Claudia Angele/Dunja el Missiri: Komm, ich zeig dir meine Kirche! – Komm, ich zeig dir meine Moschee! · Best.-Nr. 647
© Brigg Pädagogik Verlag GmbH, Augsburg

Den Besuch einer Moschee/einer Kirche vorbereitende Unterrichtsbausteine

Baustein 2 Außen- und Innenansicht von Moschee und Kirche[15]

Materialien:
M 1a/1b Außenansicht einer Moschee/Kirche auf Folie
M 2a/2b Innenansicht einer Moschee/Kirche auf Folie
M 3a/3b Elemente einer Moschee/Kirche (Begriff – kurze Erläuterung)
M 4a/4b Lückentext Moschee/Kirche

Zum Einstieg in die Thematik bieten sich die Umrisszeichnungen der Außenansicht des jeweiligen Gebäudes an (**M 1a** und **M 1b**), die auf Folie kopiert am OHP (Overheadprojektor) zunächst als stummer Einstiegsimpuls dienen. Schüleräußerungen werden im Unterrichtsgespräch an der Tafel gesammelt. Ebenfalls auf Folie kopiert, kann die Innenansicht beider Räume (**M 2a** und **M 2b**) auf den OHP gelegt werden.

Unterstützende sprachliche Impulse im weiteren Unterrichtsgespräch können dabei sein:
- Es handelt sich um zwei unterschiedliche Gebäude.
- Sie gehören zu verschiedenen Religionen.
- Die Angehörigen der jeweiligen Religion kommen in das Gebäude, um …
- Auch im Inneren der Gebäude gibt es vieles zu entdecken.

Im Anschluss an das Unterrichtsgespräch, das mit dem Benennen erster, einzelner Elemente aus dem Innenraum von Kirche und Moschee abschließt (soweit den Schülerinnen und Schülern bekannt), kann die Arbeit mit **M 3a** und **M 3b** (Elemente einer Moschee/Kirche: Begriff – kurze Erläuterung) einer ersten Erarbeitung der Einzelelemente und ihrer Bedeutung dienen. Dabei kann die Zuordnung der Einzelbegriffe zu den Kurzerläuterungen zunächst gemeinsam erfolgen (**M 3a** und **M 3b** auf Folie), indem diese am OHP im Unterrichtsgespräch zugeordnet werden. So lernen die Schülerinnen und Schüler die zentralen Elemente erstmals kennen.

Alternativ hierzu ist denkbar, dass die Schülerinnen und Schüler eine erste Zuordnung in Partnerarbeit vornehmen, welche dann im Unterrichtsgespräch thematisiert und ggf. modifiziert wird. Als Hilfestellung für die Information der Lehrkraft dienen die Erläuterungen zu den Elementen einer Moschee/einer Kirche im Glossarteil dieses Beitrags (siehe Seiten 36–43).

Zur Festigung der ersten gewonnenen Informationen über die Moschee bzw. die Kirche bearbeiten die Schülerinnen und Schüler den Lückentext (**M 4a** und **M 4b**, siehe auch S. 31 ff.), welcher danach im Unterricht besprochen wird. Die Materialien **M 3a** und **M 3b** können zudem an verschiedenen Stellen im Verlauf der thematischen Einheit zur Wiederholung und Vertiefung der Bedeutung der Elemente im Innenraum einer Moschee/einer Kirche eingesetzt werden.

Eine methodische Variante ist die Verwendung von **M 3a/3b** als Memory-Spiel in Gruppenarbeit. Je Gruppe wird ein Memory-Spiel vorbereitet, indem die auf kräftigeres Papier kopierten Kärtchen foliert und zugeschnitten werden. Nach Abschluss der thematischen Einheit kann das Memory-Spiel beispielsweise in der Freiarbeit den Schülerinnen und Schülern weiterhin zur Verfügung stehen.

Claudia Angele/Dunja el Missiri: Komm, ich zeig dir meine Kirche! – Komm, ich zeig dir meine Moschee! · Best.-Nr. 647
© Brigg Pädagogik Verlag GmbH, Augsburg

15 Im Folgenden ist mit der Bezeichnung „Kirche“ stets das katholische Kirchengebäude bzw. der katholische Kircheninnenraum gemeint.

Lösungshinweise:

Die Lückenwörter in der richtigen Reihenfolge lauten:

M 4a Moschee

Außenansicht
Gebetshaus – Kuppel – Turm (Minarett) – Halbmond – Gebetsrufer (Muezzin) – Gebetsruf (Adhan) – Turm (Minarett)

Das Gebet
fünfmal – waschen – Arabisch – Korans – Freitags – Gebetskette

Innenansicht
Gebetsraum – Schuhe – Gebetsteppiche – Gebetsnische (Mihrab) – Vorbeter (Imam) Gebetsrichtung (Qibla) – Kanzel/Predigtstuhl (Minbar) – Koranständer

M 4b Kirche

Außenansicht
Gottesdienst – Kirchtürme – Kreuz – Glocken – läuten – Gebetszeiten – Portal – Fassade

Eucharistiefeier
Wortgottesdienst – Eucharistiefeier – Predigt – Lieder – Orgel – Lob- und Dankfeier – Brot – Wein

Innenansicht
Weihwasserbecken – Kreuzzeichen – Kniebänke – Verehrung – Ambo – Bibel – Priester – Altar – Ministrantinnen und Ministranten – Hostien – Tabernakel – Ewige Licht – Maria

Claudia Angele/Dunja el Missiri: Komm, ich zeig dir meine Kirche! – Komm, ich zeig dir meine Moschee! · Best.-Nr. 647
© Brigg Pädagogik Verlag GmbH, Augsburg

Baustein 3 Außenansicht Moschee/Kirche als Transparentbild gestalten

Materialien:
M 1c Außenansicht einer Moschee (Bastelvorlage)
M 1d Außenansicht einer Kirche (Bastelvorlage)
schwarzes Tonpapier, buntes Transparentpapier, Klebestift, Schere, Schneidefeder (Cutter)
(alternativ: Speiseöl, Pinsel)

Dieser Unterrichtsbaustein dient der kreativen Auseinandersetzung mit den typischen Formmerkmalen in der Außenansicht einer Moschee bzw. einer Kirche.
Zur Anfertigung eines Transparentbildes „Außenansicht Moschee" bzw. „Außenansicht Kirche" werden die Umrisszeichnungen **M 1c** bzw. **M 1d** jeweils in Schüleranzahl auf helles Papier kopiert (DIN A4 oder vergrößert auf DIN A3). Die Schülerinnen und Schüler dürfen zwischen der Gestaltung eines Transparentbildes „Moschee" oder „Kirche" auswählen.

Folgende Arbeitsschritte sollen nacheinander durchgeführt werden:

1. Die Schülerinnen und Schüler schneiden die Umrisszeichnung der Moschee bzw. der Kirche auf der Kopie aus. Sie schneiden zudem die Innenflächen entlang der auf der Kopie markierten Stege aus.
2. Die ausgeschnittene Abbildung der Moschee bzw. der Kirche wird mit einem hellen Holzstift (z. B. gelb oder weiß) auf schwarzes Tonpapier (Größe analog zur Größe der Bildkopie) übertragen.
3. Die Umrisszeichnung, die nun auf dem schwarzen Tonpapier zu sehen ist, wird ebenfalls ausgeschnitten. Auch die Innenflächen werden entlang der aufgezeichneten Stege – am besten mit einer Schneidefeder – ausgeschnitten. Hierbei muss die Lehrkraft ggf. Hilfestellung leisten, da diese Aufgabe einiges an feinmotorischen Fertigkeiten erfordert. Alternativ kann die unten beschriebene, technisch einfachere Variante gewählt werden.
4. Die so entstandene schwarze Tonpapierform einer Moschee bzw. einer Kirche wird nun an den Freiflächen mit buntem Transparentpapier hinterklebt.

Je nach den Fertigkeiten der Schülerinnen und Schüler und der im Unterricht zur Verfügung stehenden Zeit kann folgende, technisch einfachere Version der Herstellung eines Transparentbildes gewählt werden:

1. Die Schülerinnen und Schüler erhalten eine Kopie von **M 1c** oder **M 1d**.
2. Die Schülerinnen und Schüler schneiden die Umrisszeichnung der Moschee bzw. der Kirche auf der Kopie aus.
3. Die Schülerinnen und Schüler bemalen die Stege mit dunklen Holzstiften, die Innenflächen mit bunten Holzstiften.
4. Mit einem Pinsel wird auf die bunt bemalten Flächen Speiseöl aufgetragen und gleichmäßig über das ganze Bild verteilt. Das Öl lässt das Papier transparent erscheinen, sodass die Moschee bzw. die Kirche farbig leuchtet, wenn sie – nach dem Trocknen – am Fenster aufgehängt wird.

Claudia Angele/Dunja el Missiri: Komm, ich zeig dir meine Kirche! – Komm, ich zeig dir meine Moschee! · Best.-Nr. 647
© Brigg Pädagogik Verlag GmbH, Augsburg

Unterrichtsbausteine zum Besuch einer Moschee/ einer Kirche

In der Unterrichtsstunde vor dem Moschee- bzw. Kirchenbesuch erhalten die Schülerinnen und Schüler konkrete Arbeitsaufträge für die Erkundung im Innenraum (**M 5a/5b** und **M 6a/6b**). Diese dienen einer intensiven Begegnung und Erschließung des jeweiligen Raumes und seiner Besonderheiten. Die Such- bzw. Arbeitsaufträge werden besprochen, damit beim Besuch selbst lediglich eine kurze Wiederholung der Aufträge erforderlich ist.
Außerdem werden die Schülerinnen und Schüler dabei auch über wichtige Verhaltensregeln im jeweiligen Raum informiert. Diese sind z. B. folgende:

Beim Besuch einer Kirche[16] ...
- ... tauchen katholische Christen beim Betreten und Verlassen des Raumes am Weihwasserbecken am Eingang die Hand ein und machen das Kreuzzeichen.
- ... machen katholische Christen vor dem Tabernakel eine Kniebeuge.
- ... bewegen wir uns langsam und in Ruhe im Raum.
- ... sprechen wir leise miteinander.
- ... sind wir rücksichtsvoll gegenüber Personen, die eventuell im Raum sind und beten.
- ... gehen wir achtsam mit den Gegenständen im Raum um.

Beim Besuch einer Moschee ...
- ... legen wir die Schuhe vor dem Betreten der Gebetsräume ordentlich auf dem Schuhregal ab.
- ... bewegen wir uns langsam und in Ruhe im Raum.
- ... sprechen wir leise miteinander.
- ... sind wir rücksichtsvoll gegenüber Personen, die eventuell im Raum sind und beten.
- ... gehen wir achtsam mit den Gegenständen im Raum um.

Baustein 4 Sich in den Räumen bewegen, Räume erspüren

Material:
M 5a/5b Sich in der Moschee/Kirche bewegen, den Raum erspüren

Bevor die Schülerinnen und Schüler konkrete Such- und Arbeitsaufträge in bestimmten Räumen und Bereichen der Moschee/der Kirche erhalten (vgl. Baustein 5), soll ihnen die Möglichkeit gegeben werden, die Räumlichkeiten selbst zu erkunden. Die Schülerinnen und Schüler nehmen so einen Zusammenhang zwischen der äußerlichen Gestaltung des jeweiligen Raumes und seiner Nutzung in der Glaubenspraxis wahr. Dabei sollen sie einen Bezug zwischen dem jeweiligen religiösen Gebäude und den darin stattfindenden Gottesdiensten herstellen.

Da dieser Arbeitsauftrag (**M 5a** bzw. **M 5b**) von allen Schülerinnen und Schülern einzeln ausgeführt wird, sollten sie vor dem Unterrichtsgang darauf vorbereitet werden, dass zu den oben genannten Verhaltensregeln hier noch Arbeitsregeln hinzukommen. Diese sind:
- Jede/jeder darf für sich leise die Räume erkunden.
- Wir sprechen nicht und bewegen uns so leise, dass wir niemanden stören.
- Wir berühren die im Arbeitsauftrag aufgeführten Raumelemente und Gegenstände nur vorsichtig und räumen nichts von seinem Platz.

Damit der Arbeitsauftrag gelingt, sollte die Aufgabenstellung nach dem Ankommen in der Moschee/Kirche wiederholt werden. Da sich eine Moschee üblicherweise über mehrere Räume erstreckt, wäre es sinnvoll, die zu erkundenden Räume auf Gebetssaal, Waschgelegenheit, Flur, Bibliothek,... zu beschränken. Auch sollten für diesen Arbeitsauftrag ein zeitlicher Rahmen und ein anschließender Treffpunkt vereinbart werden.

16 Vgl. hierzu auch: Heuser, August: Manieren in Kirchenräumen? Kleiner römisch-katholischer Knigge. In: RU-Kurier 25/2004, S. 18–21.

Claudia Angele/Dunja el Missiri: Komm, ich zeig dir meine Kirche! – Komm, ich zeig dir meine Moschee! · Best.-Nr. 647
© Brigg Pädagogik Verlag GmbH, Augsburg

Baustein 5 Such- und Arbeitsaufträge im jeweiligen Innenraum

Materialien:
M 6a/6b Such- und Arbeitsaufträge in der Moschee/Kirche
Papier, Stifte, evtl. Kamera

Die Schülerinnen und Schüler führen die Such- und Arbeitsaufträge in Paargruppen durch. Jede Schülerin/ jeder Schüler erhält die Arbeitsaufträge auf einer Kopie zum Mitnehmen für die Erkundung (vgl. **M 6a** und **M 6b**) und nimmt zudem Schreibzeug zum Besuch der Moschee bzw. der Kirche mit. Falls einzelne Schülerinnen/Schüler eine Kamera besitzen, kann diese ebenfalls mitgenommen werden.
Die Auswahl der in **M 6b** aufgenommenen Elemente im Innenraum einer Kirche orientiert sich an den für eine gottesdienstliche Feier (Wortgottesdienst und Eucharistiefeier) zentralen Orten (Ambo, Altar, Tabernakel). Zusätzlich kommen hinzu: das Weihwasserbecken, welches ein Ritual beim Betreten und Verlassen einer katholische Kirche markiert, und das Taufbecken, welches zur Spendung des Taufsakraments als Aufnahme in die christliche Gemeinde dient. Je nach Lernsituation der Religionsklasse kann die Lehrerin/der Lehrer auch andere Raumelemente in die Such- und Arbeitsaufträge mit einbeziehen.

Für den Moscheebesuch bezeichnen die in **M 6a** ausgewählten Elemente, Orte und Gegenstände, die in direktem oder indirektem Zusammenhang zum rituellen Freitagsgebet stehen. Das Gebet beginnt mit der rituellen Waschung, die sowohl die äußere wie auch innere Reinigung in der Absichtserklärung[17] und Vorbereitung des Gebets zum Ziel hat. In diesem Sinne wird auch der Gebetsplatz sauber gehalten und werden die Schuhe vor dem Gebet auf den Schuhregalen vor dem Betreten des Gebetsraumes abgelegt. Die Ausrichtung der Gebetshaltung in Richtung Mekka bzw. Kaaba (Qibla) wird durch die Gebetsnische (Mihrab), an der der Vorbeter (Imam) steht, angedeutet. Auf der Kanzel/Predigtstuhl (Minbar) hält der Vorbeter (Imam) am Freitag seine Predigt, in der er auch Koransuren rezitiert.

Claudia Angele/Dunja el Missiri: Komm, ich zeig dir meine Kirche! – Komm, ich zeig dir meine Moschee! · Best.-Nr. 647
© Brigg Pädagogik Verlag GmbH, Augsburg

17 In der islamischen Glaubenspraxis wird vor einem Glaubensritual eine Absichtserklärung des religiösen Vorhabens im Namen Gottes ausgesprochen als innere Vorbereitung und Bekräftigung.

Nachbereitender Unterrichtsbaustein

Baustein 6 Auswertung der Lerngänge

Materialien:
M 5a/5b Sich in der Moschee/Kirche bewegen, den Raum erspüren
M 6a/6b Such- und Arbeitsauftrag in der Moschee/Kirche
Plakatpapier und dicke Stifte

Auch in der Auswertungsphase der Lerngänge ist es wichtig, dass jeweils authentische Vertreter/-innen der Religionen anwesend sind. An Schulen, an denen islamischer Religionsunterricht im Modellversuch stattfindet, wird deshalb die Auswertungsphase von beiden Religionsgruppen (islamisch und katholisch) und beiden Religionslehrkräften (islamische und katholische Lehrkraft) gemeinsam geplant und gestaltet.
Findet kein islamischer Religionsunterricht an der Schule statt, werden die muslimischen Schülerinnen und Schüler und/oder deren Eltern eingeladen, die bereits an der Vorbereitungsphase und am Lerngang selbst teilgenommen haben. Eventuell kann auch die Person, die die Moscheeführung geleitet hat, zur Auswertungsphase in den katholischen Religionsunterricht eingeladen werden und als Experte/als Expertin ihrer Religion in die Auswertungsgespräche miteinbezogen werden.

Zur inhaltlichen Nachbereitung der Besuche in der Moschee und in der Kirche werden die Arbeitsaufträge (**M 5a** und **M 5b** sowie **M 6a** und **M 6b**) im Unterricht ausgewertet. Hierzu können die Paargruppen beispielsweise ihre Ergebnisse aus den Arbeitsaufträgen (Zeichnungen bzw. Fotos, Antworten zu den übrigen Fragen etc.) auf einem Plakat dokumentieren. Die Plakate werden der Klasse präsentiert.

Anschließend werden zur Vertiefung Gegenüberstellungen (Elemente der Moschee – Elemente der Kirche) gesucht und thematisiert, z. B. Minarett – Kirchturm, Koran – Bibel, Imam – Priester, ... Eine weitere Auseinandersetzung erfolgt im Erarbeiten der Unterschiede.

Claudia Angele/Dunja el Missiri: Komm, ich zeig dir meine Kirche! – Komm, ich zeig dir meine Moschee! · Best.-Nr. 647
© Brigg Pädagogik Verlag GmbH, Augsburg

Begleitender Unterrichtsbaustein

Baustein 7 Fragebox

Materialien:
Box oder Schachtel

Die Arbeit im Dialog von christlichen und muslimischen Schülerinnen und Schülern sollte gut vorbereitet werden. Viele muslimische Kinder können die muslimische Glaubenspraxis nicht von sich aus erklären und Fachbegriffe häufig nur in ihrer jeweiligen Muttersprache benennen. Auch nicht allen christlichen Schülerinnen und Schülern ist die christliche Glaubenspraxis von vorne herein hinreichend vertraut. Eine Unterrichtseinheit über die Moschee und die Kirche könnte daher mit einer Frageschachtel/-box (Briefkasten o. Ä.) begonnen werden. Alle Fragen, die sich den christlichen Schülerinnen und Schülern bzw. den muslimischen Schülerinnen und Schülern während dieser Unterrichtseinheit stellen, dürfen – evtl. auch anonym – verschriftlicht in diese Schachtel gelegt werden. Die zu einer gemeinsamen Abschlussrunde der Unterrichtseinheit zur Moschee und zur Kirche eingeladenen muslimischen Schülerinnen und Schüler bzw. christlichen Schülerinnen und Schüler erhalten die Fragen zeitig vorher und können Eltern oder Bekannte um Hilfe bei der Beantwortung bitten. Die jungen muslimischen Experten könnten sich auch bei der nahe gelegenen Moscheegemeinde Unterstützung holen, die jungen christlichen Experten hingegen bei ihrer jeweiligen Pfarrgemeinde, z. B. im Pfarrbüro oder bei den Hauptamtlichen der Gemeinde.
In Absprache mit der Moscheeführerin/dem Moscheeführer könnten die zuvor abgegebenen Fragen auch innerhalb des Moschee- bzw. Klassenbesuchs beantwortet werden (siehe didaktische Überlegungen, S. 9).

Claudia Angele/Dunja el Missiri: Komm, ich zeig dir meine Kirche! – Komm, ich zeig dir meine Moschee! · Best.-Nr. 647
© Brigg Pädagogik Verlag GmbH, Augsburg

M 1a Außenansicht einer Moschee

Zeichnung: Gisela Glucker, © VG Bild-Kunst, Bonn 2011

M 1b Außenansicht einer Kirche

Zeichnung: Gisela Glucker, © VG Bild-Kunst, Bonn 2011

Claudia Angele/Dunja el Missiri: Komm, ich zeig dir meine Kirche! – Komm, ich zeig dir meine Moschee! · Best.-Nr. 647
© Brigg Pädagogik Verlag GmbH, Augsburg

© Brigg Pädagogik Verlag GmbH, Augsburg

M 1c Außenansicht einer Moschee (Bastelvorlage)

Zeichnung: Gisela Glucker, © VG Bild-Kunst, Bonn 2011

M 1d Außenansicht einer Kirche (Bastelvorlage)

Zeichnung: Gisela Glucker, © VG Bild-Kunst, Bonn 2011

M 2a Innenansicht einer Moschee

Zeichnung: Gisela Glucker, © VG Bild-Kunst, Bonn 2011

M 2b Innenansicht einer Kirche

Zeichnung: Gisela Glucker, © VG Bild-Kunst, Bonn 2011

© Brigg Pädagogik Verlag GmbH, Augsburg

© Brigg Pädagogik Verlag GmbH, Augsburg

M 3a Elemente einer Moschee (Begriff – kurze Erläuterung)

Kanzel/ Predigtstuhl (Minbar)	**Gebetsteppich**	**Gebetskette**
Von hier aus hält der Vorbeter (Imam) seine Predigt.	Auf diesem beten Muslime.	Sie hat 33 oder 99 Perlen, mit deren Hilfe die 99 Namen Allahs oder Koransuren gebetet werden.
Vorbeter (Imam)	**Gebetsnische (Mihrab)**	**Gebetsrichtung (Qibla)**
Er betet in der ersten Reihe vor allen anderen Muslimen. Freitags vor dem Gemein-schaftsgebet hält er eine Predigt.	An dieser steht der Vorbeter (Imam) und betet vor. Hinter ihm betet die muslimische Gemeinde.	Sie zeigt die Richtung nach Mekka zur Kaaba.

Koran	**Minarett**	**Gebetsrufer (Muezzin)**
In diesem Buch sind die Offenbarungen Muhammads auf Arabisch gesam-melt. Es gibt heute Übersetzungen des Buches in nahezu allen Sprachen.	Dies ist ein Turm, von dem aus zum Gebet gerufen wird.	Mit dem Gebetsruf (Adhan) fordert er die Muslime fünfmal täglich zum Gebet auf.
Schuhregal	**Wasch-gelegenheit**	**Koranständer (Kursi)**
Hier werden die Schuhe abgelegt, bevor man den Gebetsraum betritt.	Vor dem Gebet muss sich dort jeder Muslim waschen, da Sauberkeit sehr wichtig ist.	Darauf wird der Koran zum Lesen abgelegt.

M 3b Elemente einer Kirche (Begriff – kurze Erläuterung)

Glocke im Glockenturm	**Bibel**	**Priester**
Sie läutet zum Gottesdienst und zu besonderen Anlässen. Hier wird die Uhrzeit angezeigt.	Sie ist die Heilige Schrift der Christen und umfasst Altes Testament und Neues Testament.	Er verkündet das Evangelium, feiert mit der Gemeinde Gottesdienste und spendet die Sakramente. Im Gottesdienst wird er von Ministranten/Ministrantinnen unterstützt.
Ambo, Lektor/-in	**Altar mit Kreuz und Kerzen**	**Weihwasserbecken**
Am Lesepult werden Schrifttexte aus der Bibel vorgelesen, Gebete gesprochen und die Predigt gehalten. Die Lesungstexte werden von einem Gemeindemitglied im Gottesdienst vorgetragen.	Ein Tisch, an dem die Eucharistie gefeiert wird. Er steht an einem herausgehobenen Platz. Darauf befindet sich auch das wichtigste Symbol der Christen.	Es befindet sich im Eingangsbereich. Nach dem Eintauchen mit der Hand wird ein Kreuzzeichen gemacht zur Erinnerung an die Taufe.

Orgel	**Maria/ Marienfigur**	**Kirchenbänke mit Kniebänken**
Mit ihr wird die Gemeinde beim Singen begleitet und der Gottesdienst musikalisch gestaltet.	Als Mutter Jesu wird sie besonders verehrt. Darstellungen von ihr finden sich in katholischen Kirchen.	Hier versammeln sich die Gottesdienstbesucher. Sie stehen, setzen sich oder knien, je nach Stelle im Gottesdienstablauf.
Tabernakel, Hostienschale, Ewiges Licht	**Taufbecken, Osterkerze**	**Beichtstuhl**
Hier werden die geweihten Hostien aufbewahrt. Daneben brennt ununterbrochen ein Licht.	Es ist der Ort der Taufe in der Kirche. An der Osterkerze wird bei der Taufe die Taufkerze entzündet.	Hier bekennen Christen einzeln ihre Sünden und erfahren Vergebung und Versöhnung mit Gott.

Claudia Angele/Dunja el Missiri: Komm, ich zeig dir meine Kirche! – Komm, ich zeig dir meine Moschee! · Best.-Nr. 647
© Brigg Pädagogik Verlag GmbH, Augsburg

Claudia Angele/Dunja el Missiri: Komm, ich zeig dir meine Kirche! – Komm, ich zeig dir meine Moschee! · Best.-Nr. 647
© Brigg Pädagogik Verlag GmbH, Augsburg

M 4a Lückentext Moschee

Außenansicht

Die Moschee ist das ______________ der Muslime.

Die Moschee hat häufig eine ______________,

einen ______________ ,auf dem sich

ein ______________ befindet. Der

______________ ruft fünfmal täglich den

______________ zum Gebet von diesem

______________.

In der Moschee beten die Muslime, sie lernen den Koran lesen und feiern gemeinsam Feste.

Gebetsrufer (Muezzin) – Gebetshaus – Halbmond – Kuppel – Gebetsruf (Adhan) – Turm (Minarett) (2x)

Das Gebet

Muslime beten ______________ am Tag. Bevor

Muslime beten, ______________ sie sich zum Gebet.

Das muslimische Gebet wird auf ______________

gesprochen. Dies ist die Sprache des ______________,

dem Buch, in dem die Offenbarungen Muhammads gesammelt sind.

______________ beten die Muslime am Mittag

gemeinsam in der Moschee. Mit der ______________

können Muslime noch zusätzliche Gebete sprechen.

Arabisch – Freitags – waschen – Gebetskette – fünfmal– Korans

Innenansicht

Um den ______________ sauber zu halten,

muss man seine ______________ ausziehen

und diese in ein Regal legen. Auf dem Boden des Gebets-

raumes liegen ______________. An einer Wand

befindet sich die ______________, an der der

______________ beim gemeinsamen Gebet steht.

Diese Gebetsnische (Mihrab) zeigt die ______________

zur Kaaba (in Mekka) an. Auf der ______________

steht der Vorbeter (Imam) bei seiner Freitagspredigt. Um den Koran

sitzend zu lesen und auswendig zu lernen, wird er häufig auf einen

______________ gelegt.

Kanzel/Predigtstuhl (Minbar) – Koranständer – Gebetsteppiche - Vorbeter (Imam) – Gebetsraum – Gebetsnische (Mihrab) – Schuhe – Gebetsrichtung (Qibla)

M 4b Lückentext Kirche – Teil 1

Außenansicht

In der Kirche versammeln sich Christen zum ____________________ und beten und feiern gemeinsam. Die Kirche hat häufig einen oder mehrere ____________________. An der Kirchturmspitze befindet sich bei katholischen Kirchen ein ____________________.
Einer der Kirchtürme dient als Glockenturm, in dem sich eine oder mehrere ____________________ befinden. Diese ____________________ zum Gottesdienst, zu den ____________________ im Tagesablauf oder zu besonderen Anlässen. Die große Haupteingangstüre einer Kirche nennt man ____________________. Es ist ebenso wie die ____________________ oft schön verziert.

Glocken – Kreuz – Gottesdienst – Portal – läuten – Gebetszeiten – Fassade – Kirchtürme

Eucharistiefeier

Katholische Christen unterscheiden darin zwei Teile: den ____________________ und die ____________________.
Im Wortgottesdienst werden Bibeltexte und eine ____________________ gehört, Gebete gemeinsam gesprochen und ____________________ zum Lob Gottes gesungen. Dabei wird die Gemeinde meist von einer ____________________ begleitet. Die Eucharistiefeier ist die zentrale ____________________ für katholische Christen.
In Erinnerung an das letzte Abendmahl Jesu wird in den Zeichen von ____________________ und ____________________ die Gegenwart Jesu Christi gefeiert.
Darüber hinaus kennt die katholische Kirche noch viele weitere Gottesdienstformen.

Orgel – Brot – Lob- und Dankfeier – Wein – Predigt – Wortgottesdienst – Lieder – Eucharistiefeier

Claudia Angele/Dunja el Missiri: Komm, ich zeig dir meine Kirche! – Komm, ich zeig dir meine Moschee! · Best.-Nr. 647
© Brigg Pädagogik Verlag GmbH, Augsburg

© Brigg Pädagogik Verlag GmbH, Augsburg

M 4b Lückentext Kirche – Teil 2

Innenansicht

Beim Betreten und Verlassen der Kirche tauchen katholische Christen ihre Hand in das ________________ und machen das ________________ zur Erinnerung an die Taufe.

Die Kirchenbänke in katholischen Kirchen haben in der Regel auch ________________, damit man im Gottesdienst und beim Gebet knien kann als Zeichen der Demut und ________________.

Am ________________ werden die Schrifttexte aus der ________________ vorgelesen und die Predigt gehalten. Der ________________ feiert am ________________ die Eucharistie, bei deren Vorbereitung ihm ________________ behilflich sind. Die geweihten ________________ werden im ________________ aufbewahrt.

Als Zeichen der Gegenwart Jesu brennt daneben ununterbrochen das ________________. In katholischen Kirchen finden sich auch Bilder und Figuren von ________________, der Mutter Jesu.

Bibel – Maria – Ewige Licht – Ambo – Tabernakel – Priester – Verehrung – Kreuzzeichen – Weihwasserbecken – Kniebänke – Ministrantinnen und Ministranten – Hostien – Altar

M 5a Sich in der Moschee bewegen, den Raum erspüren

Auftrag in der Moschee

1. Bewege dich frei und allein in den Räumen der Moschee. Berühre vorsichtig den Fußboden, eine Wand, die Kacheln und die Einrichtungsgegenstände.

2. Lausche den Geräuschen im Raum.

3. Suche einen Platz, an dem du dich wohlfühlst. Schreibe auf, wo du gerade bist und was dir an diesem Ort gefällt.

M 5b Sich in der Kirche bewegen, den Raum erspüren

Auftrag in der Kirche

1. Bewege dich frei und allein im Kirchenraum. Berühre vorsichtig die Kirchentür, den Fußboden, die Kirchenbänke, eine Wand oder eine Säule.

2. Lausche den Geräuschen im Raum.

3. Suche einen Platz, an dem du dich wohlfühlst. Schreibe auf, wo du gerade bist und was dir an diesem Ort gefällt.

M 6a Such- und Arbeitsaufträge in der Moschee

1. Gehe langsam durch die Moschee und suche folgende Gegenstände und Orte:
   ☐ Schuhregal ☐ Waschgelegenheit ☐ Gebetsrichtung (Qibla)
   ☐ Gebetskette ☐ Gebetsnische (Mihrab) ☐ Kanzel/Predigtstuhl (Minbar)
   ☐ Koran

2. Wenn du sie gefunden hast, markiere sie auf diesem Arbeitsblatt jeweils farbig.

3. Fotografiere die Gegenstände oder zeichne sie ab. Falls du Fotos machst, solltest du dennoch mindestens einen Gegenstand selbst zeichnen.

4. Setze dich auf den Boden und betrachte die Decke der Moschee und die Leuchter. Schreibe auf, was du siehst und was dir auffällt.

M 6b Such- und Arbeitsaufträge in der Kirche

1. Gehe langsam durch den Kirchenraum und suche folgende Gegenstände:
   ☐ Weihwasserbecken ☐ Altar ☐ Kreuz ☐ Taufbecken
   ☐ Ambo/Lesepult ☐ Ewiges Licht ☐ Tabernakel

2. Wenn du sie gefunden hast, markiere sie auf diesem Arbeitsblatt jeweils farbig.

3. Fotografiere die Gegenstände oder zeichne sie ab. Falls du Fotos machst, solltest du dennoch mindestens einen Gegenstand selbst zeichnen.

4. Setze dich in eine Kirchenbank und betrachte die Decke des Kirchenraumes und die Fenster. Schreibe auf, was du siehst und was dir auffällt.

© Brigg Pädagogik Verlag GmbH, Augsburg

M 7a Bilder zur Moschee

Kanzel (Minbar) mit Vorbeter (Imam)

Gebetsteppich

Gebetsnische (Mihrab)

Gebetskette

Kaaba

Koran

Claudia Angele/Dunja el Missiri: Komm, ich zeig dir meine Kirche! – Komm, ich zeig dir meine Moschee! · Best.-Nr. 647
© Brigg Pädagogik Verlag GmbH, Augsburg

Zeichnungen: Gisela Glucker, © VG Bild-Kunst, Bonn 2011

M 7a Bilder zur Moschee

Schuhregal

Waschgelegenheit

Gebetsrufer (Muezzin) mit Gebetsruf (Adhan)

Koranständer (Kursi)

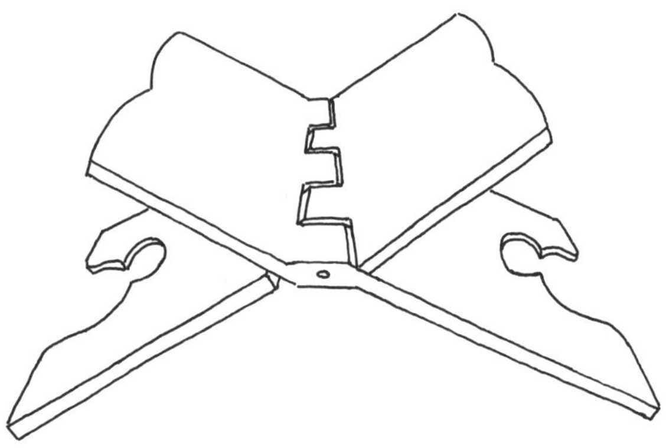

Betender Muslim

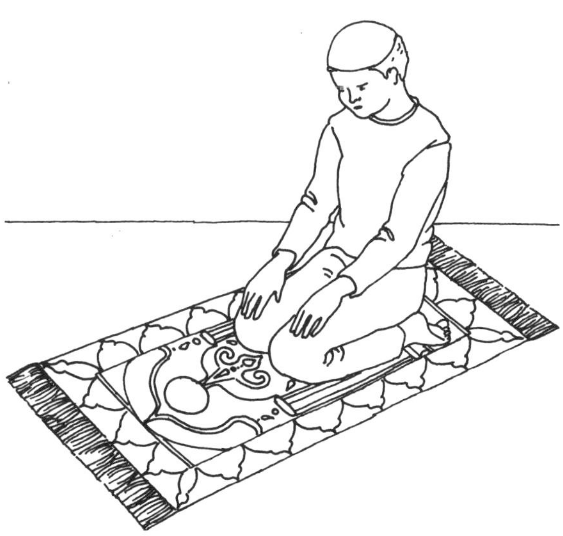

Kalligraphie „Allah“

Quelle Kalligraphie: Enzyklopädie des Islam (eslam.de)

Claudia Angele/Dunja el Missiri: Komm, ich zeig dir meine Kirche! – Komm, ich zeig dir meine Moschee! · Best.-Nr. 647
© Brigg Pädagogik Verlag GmbH, Augsburg

Zeichnungen: Gisela Glucker, © VG Bild-Kunst, Bonn 2011

M 7b Bilder zur Kirche

Glocke im Kirchturm

Ambo mit Lektorin

Bibel

Altar mit Kreuz und Kerzen

Priester mit Ministranten

Weihwasserbecken

Claudia Angele/Dunja el Missiri: Komm, ich zeig dir meine Kirche! – Komm, ich zeig dir meine Moschee! · Best.-Nr. 647
© Brigg Pädagogik Verlag GmbH, Augsburg

Zeichnungen: Gisela Glucker, © VG Bild-Kunst, Bonn 2011

M 7b Bilder zur Kirche

Orgel

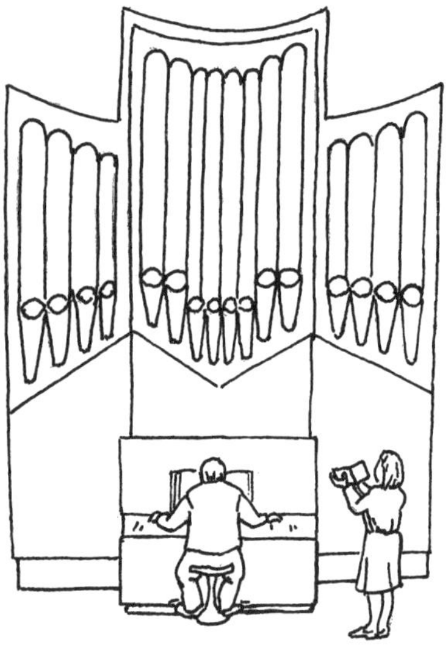

Taufbecken mit Osterkerze

Tabernakel, Hostienschale, Ewiges Licht

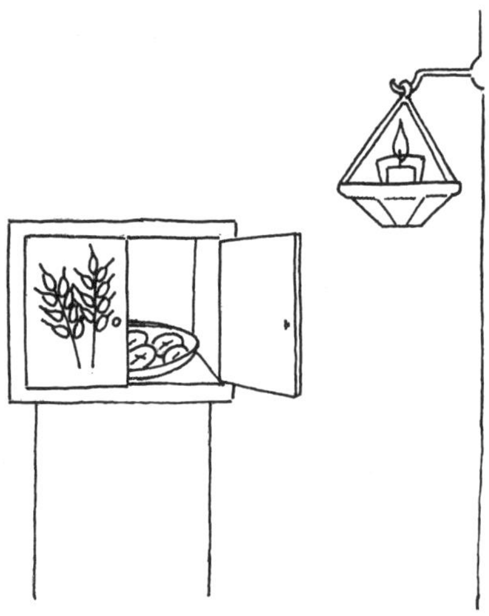

Kirchenbänke mit Kniebänken

Marienfigur

Beichtstuhl

Claudia Angele/Dunja el Missiri: Komm, ich zeig dir meine Kirche! – Komm, ich zeig dir meine Moschee! · Best.-Nr. 647
© Brigg Pädagogik Verlag GmbH, Augsburg

Zeichnungen: Gisela Glucker, © VG Bild-Kunst, Bonn 2011

M 4a Lückentext Moschee

Außenansicht

Die Moschee ist das ______________ der Muslime. Die Moschee hat häufig eine ______________, einen ______________, auf dem sich ein ______________ befindet. Der ______________ ruft fünfmal täglich den ______________ zum Gebet von diesem ______________.

In der Moschee beten die Muslime, sie lernen den Koran lesen und feiern gemeinsam Feste.

Gebetsrufer (Muezzin) – Gebetshaus – Halbmond – Kuppel – Gebetsruf (Adhan) – Turm (Minarett) (2x)

Das Gebet

Muslime beten ______________ am Tag. Bevor Muslime beten, ______________ sie sich zum Gebet. Das muslimische Gebet wird auf ______________ gesprochen. Dies ist die Sprache des ______________, dem Buch, in dem die Offenbarungen Muhammads gesammelt sind. ______________ beten die Muslime am Mittag gemeinsam in der Moschee. Mit der ______________ können Muslime noch zusätzliche Gebete sprechen.

Arabisch – Freitags – waschen – Gebetskette – fünfmal – Korans

Innenansicht

Um den ______________ sauber zu halten, muss man seine ______________ ausziehen und diese in ein Regal legen. Auf dem Boden des Gebetsraumes liegen ______________. An einer Wand befindet sich die ______________, an der der ______________ beim gemeinsamen Gebet steht. Diese Gebetsnische (Mihrab) zeigt die ______________ zur Kaaba (in Mekka) an. Auf der ______________ steht der Vorbeter (Imam) bei seiner Freitagspredigt. Um den Koran sitzend zu lesen und auswendig zu lernen, wird er häufig auf einen ______________ gelegt.

Kanzel/Predigtstuhl (Minbar) – Koranständer – Gebetsteppiche – Vorbeter (Imam) – Gebetsraum – Gebetsnische (Mihrab) – Schuhe – Gebetsrichtung (Qibla)

Claudia Angele/Dunja el Missiri: Komm, ich zeig dir meine Kirche! – Komm, ich zeig dir meine Moschee! · Best.-Nr. 647
© Brigg Pädagogik Verlag GmbH, Augsburg

M 4a Lückentext Moschee – Lösung

Außenansicht

Die Moschee ist das **Gebetshaus** der Muslime. Die Moschee hat häufig

eine **Kuppel**, einen **Turm (Minarett)**, auf dem sich ein

Halbmond befindet. Der **Gebetsrufer (Muezzin)** ruft fünfmal täglich

den **Gebetsruf (Adhan)** zum Gebet von diesem **Turm (Minarett)**.

In der Moschee beten die Muslime, sie lernen den Koran lesen und feiern gemeinsam Feste.

Gebetsrufer (Muezzin) – Gebetshaus – Halbmond – Kuppel – Gebetsruf (Adhan) – Turm (Minarett) (2x)

Das Gebet

Muslime beten **fünfmal** am Tag. Bevor Muslime beten,

waschen sie sich zum Gebet. Das muslimische Gebet

wird auf **Arabisch** gesprochen. Dies ist die Sprache des

Korans, dem Buch, in dem die Offenbarungen Muhammads gesammelt

sind. **Freitags** beten die Muslime am Mittag gemeinsam in der Moschee.

Mit der **Gebetskette** können Muslime noch zusätzliche Gebete sprechen.

Arabisch – Freitags – waschen – Gebetskette – fünfmal – Korans

Innenansicht

Um den **Gebetsraum** sauber zu halten, muss man seine

Schuhe ausziehen und diese in ein Regal legen. Auf dem Boden

des Gebetsraumes liegen **Gebetsteppiche**. An einer Wand befindet sich die

Gebetsnische (Mihrab), an der der **Vorbeter (Imam)** beim gemeinsamen

Gebet steht. Diese Gebetsnische (Mihrab) zeigt die **Gebetsrichtung (Qibla)** zur Kaaba

(in Mekka) an. Auf der **Kanzel/Predigtstuhl (Minbar)** steht der Vorbeter (Imam) bei seiner Freitagspredigt. Um den Koran sitzend zu lesen und auswendig zu lernen, wird er häufig auf einen

Koranständer gelegt.

Kanzel/Predigtstuhl (Minbar) – Koranständer – Gebetsteppiche – Vorbeter (Imam) – Gebetsraum – Gebetsnische (Mihrab) – Schuhe – Gebetsrichtung (Qibla)

Claudia Angele/Dunja el Missiri: Komm, ich zeig dir meine Kirche! – Komm, ich zeig dir meine Moschee! · Best.-Nr. 647
© Brigg Pädagogik Verlag GmbH, Augsburg

M 4b Lückentext Kirche

Außenansicht

In der Kirche versammeln sich Christen zum ______________________ und beten und feiern gemeinsam.
Die Kirche hat häufig einen oder mehrere ______________________. An der Kirchturmspitze befindet sich bei katholischen Kirchen ein ______________________.
Einer der Kirchtürme dient als Glockenturm, in dem sich eine oder mehrere ______________________ befinden. Diese ______________________ zum Gottesdienst, zu den ______________________ im Tagesablauf oder zu besonderen Anlässen. Die große Haupteingangstüre einer Kirche nennt man ______________________. Es ist ebenso wie die ______________________ oft schön verziert.

Glocken – Kreuz – Gottesdienst – Portal – läuten – Gebetszeiten – Fassade – Kirchtürme

Eucharistiefeier

Katholische Christen unterscheiden darin zwei Teile: den ______________________ und die ______________________.

Im Wortgottesdienst werden Bibeltexte und eine ______________________ gehört, Gebete gemeinsam gesprochen und ______________________ zum Lob Gottes gesungen. Dabei wird die Gemeinde meist von einer ______________________ begleitet. Die Eucharistiefeier ist die zentrale ______________________ für katholische Christen. In Erinnerung an das letzte Abendmahl Jesu wird in den Zeichen von ______________________ und ______________________ die Gegenwart Jesu Christi gefeiert. Darüber hinaus kennt die katholische Kirche noch viele weitere Gottesdienstformen.

Orgel – Brot – Lob- und Dankfeier – Wein – Predigt – Wortgottesdienst – Lieder – Eucharistiefeier

Innenansicht

Beim Betreten und Verlassen der Kirche tauchen katholische Christen ihre Hand in das ______________________ und machen das ______________________ zur Erinnerung an die Taufe. Die Kirchenbänke in katholischen Kirchen haben in der Regel auch ______________________, damit man im Gottesdienst und beim Gebet knien kann als Zeichen der Demut und ______________________.
Am ______________________ werden die Schrifttexte aus der ______________________ vorgelesen und die Predigt gehalten. Der ______________________ feiert am ______________________ die Eucharistie, bei deren Vorbereitung ihm ______________________ behilflich sind. Die geweihten ______________________ werden im ______________________ aufbewahrt. Als Zeichen der Gegenwart Jesu brennt neben dem Tabernakel ununterbrochen das ______________________. In katholischen Kirchen finden sich auch Bilder und Figuren von ______________________, der Mutter Jesu.

Bibel – Maria – Ewige Licht – Ambo – Tabernakel – Priester – Verehrung – Kreuzzeichen – Weihwasserbecken – Kniebänke – Ministrantinnen und Ministranten – Hostien – Altar

Claudia Angele/Dunja el Missiri: Komm, ich zeig dir meine Kirche! – Komm, ich zeig dir meine Moschee! · Best.-Nr. 647
© Brigg Pädagogik Verlag GmbH, Augsburg

M 4b Lückentext Kirche – Lösung

Außenansicht

In der Kirche versammeln sich Christen zum **Gottesdienst** und beten und feiern gemeinsam.

Die Kirche hat häufig einen oder mehrere **Kirchtürme**. An der Kirchturmspitze befindet sich bei katholischen Kirchen ein **Kreuz**.

Einer der Kirchtürme dient als Glockenturm, in dem sich eine oder mehrere **Glocken** befinden. Diese **läuten** zum Gottesdienst, zu den **Gebetszeiten** im Tagesablauf oder zu besonderen Anlässen. Die große Haupteingangstüre einer Kirche nennt man **Portal**. Es ist ebenso wie die **Fassade** oft schön verziert.

Glocken – Kreuz – Gottesdienst – Portal – läuten – Gebetszeiten – Fassade – Kirchtürme

Eucharistiefeier

Katholische Christen unterscheiden darin zwei Teile: den **Wortgottesdienst** und die **Eucharistiefeier**.

Im Wortgottesdienst werden Bibeltexte und eine **Predigt** gehört, Gebete gemeinsam gesprochen und **Lieder** zum Lob Gottes gesungen. Dabei wird die Gemeinde meist von einer **Orgel** begleitet. Die Eucharistiefeier ist die zentrale **Lob- und Dankfeier** für katholische Christen. In Erinnerung an das letzte Abendmahl Jesu wird in den Zeichen von **Brot** und **Wein** die Gegenwart Jesu Christi gefeiert. Darüber hinaus kennt die katholische Kirche noch viele weitere Gottesdienstformen.

Orgel – Brot – Lob- und Dankfeier – Wein – Predigt – Wortgottesdienst – Lieder – Eucharistiefeier

Innenansicht

Beim Betreten und Verlassen der Kirche tauchen katholische Christen ihre Hand in das **Weihwasserbecken** und machen das **Kreuzzeichen** zur Erinnerung an die Taufe. Die Kirchenbänke in katholischen Kirchen haben in der Regel auch **Kniebänke**, damit man im Gottesdienst und beim Gebet knien kann als Zeichen der Demut und **Verehrung**.

Am **Ambo** werden die Schrifttexte aus der **Bibel** vorgelesen und die Predigt gehalten. Der **Priester** feiert am **Altar** die Eucharistie, bei deren Vorbereitung ihm **Ministrantinnen und Ministranten** behilflich sind. Die geweihten **Hostien** werden im **Tabernakel** aufbewahrt. Als Zeichen der Gegenwart Jesu brennt neben dem Tabernakel ununterbrochen das **Ewige Licht**. In katholischen Kirchen finden sich auch Bilder und Figuren von **Maria**, der Mutter Jesu.

Bibel – Maria – Ewige Licht – Ambo – Tabernakel – Priester – Verehrung – Kreuzzeichen – Weihwasserbecken – Kniebänke – Ministrantinnen und Ministranten – Hostien – Altar

Claudia Angele/Dunja el Missiri: Komm, ich zeig dir meine Kirche! – Komm, ich zeig dir meine Moschee! · Best.-Nr. 647
© Brigg Pädagogik Verlag GmbH, Augsburg

Medienkoffer

Es bestehen in Deutschland regionale Unterschiedlichkeiten für den Zugang zu Unterrichtsmedien, v. a. für die Religionsfächer. Die hier aufgeführten Institutionen sind nur Vorschläge für eine erste Orientierung und Hilfe.

Medienkoffer zu den Themen Religionen, Christentum und Islam können evtl. über:
- Medienzentren
- Religionspädagogische Institute
- Seminare für Lehrerbildung
- Mediotheken und Bibliotheken an Pädagogischen Institutionen und Hochschulen
- Stadtbibliotheken

bezogen werden.

Leihbare Materialien zum Thema Islam bieten zum Teil auch
- Moscheen an.

Medienkoffer sind auch auf Anfrage über das
- Islamische Wissenschafts- und Bildungsinstitut e.V. Hamburg (*http://www.iwb-hamburg.de*)

lieferbar.

Claudia Angele/Dunja el Missiri: Komm, ich zeig dir meine Kirche! – Komm, ich zeig dir meine Moschee! · Best.-Nr. 647
© Brigg Pädagogik Verlag GmbH, Augsburg

Glossar für Lehrerinnen und Lehrer zur Moschee

Allgemeines zum Gebet

Der Qur'an (al-qur'ān- القرآن)[1]
Der Koran heißt übersetzt „das Rezitierte" und ist eine Sammlung der vom Propheten Muhammad auf Arabisch empfangenen Offenbarungen im Zeitraum von 23 Jahren. Der Koran besteht aus 114 Kapiteln (Sura – eingedeutscht: Sure), die i. d. R. ihrer Länge nach geordnet im Koran zu finden sind. Die Verse (Ayat) der Kapitel (Suren) sind in Reimprosa gehalten. Bei Zitaten werden Suren (Sura) und Vers (Aya) durch Doppelpunkt, Semikolon oder Komma von einander getrennt angegeben. Zum Beispiel zur Offenbarung des Korans, Sure (Sura) 16 : Vers (Aya) 102 – 16:102:
„102 Sag: Der heilige Geist hat ihn (d.h. den Koran) von deinem Herrn mit der Wahrheit herabgesandt, um diejenigen, die glauben, zu festigen, und als Rechtleitung und Frohbotschaft für die, die sich (Gott) ergeben haben."[2]

Bezogen auf den Koranvers (56:77):
„77 (Ich schwöre:) Es ist ein vortrefflicher Koran, 78 (im Original droben im Himmel?) in einer wohlverwahrten Schrift, 79 die nur von Gereinigten berührt wird, 80 (nunmehr als Offenbarung) vom Herrn der Menschen in aller Welt herabgesandt."[3]
werden dem Koran die Adjektive edel oder vortrefflich (karim) vorangestellt.[4]

Das Glaubensbekenntnis (a-schahāda- الشهادة)[5]
In der muslimischen Religionspraxis steht das Glaubensbekenntnis: „Es gibt keinen Gott außer Gott und Muhammad ist der Gesandte Gottes" als erste Säule/Pflicht an primärer Stelle.
Muslim sein bedeutet wörtlich übersetzt, „gottergeben" sein, ein Muslim/eine Muslima versteht sich als Gottesdiener/Gottesdienerin.

Die rituelle Waschung (al-wudu'- الوضوء)[6]
Die rituelle Waschung wird als Vorbereitung zum rituellen Gebet verstanden. Die innere und äußere Reinheit ist ein zentrales Ziel in der muslimischen Glaubenspraxis. Die rituelle Reinigung mit Wasser oder auch Sand (in Wüstenregionen) soll von Schlechtem befreien und meditativ auf den Gläubigen wirken. Zur rituellen Waschung (Wudu) werden in der festgelegten Reihenfolge: Hände, Mund, Nasenlöcher, Gesicht, Arme bis zu den Ellenbogen, Kopf bzw. Haare, Ohren, Nacken und Füße, erst die rechten dann die linken Körperteile, mit Wasser berührt.

Das rituelle Gebet (aṣ-ṣalāh – الصلاة)[7]
An zweiter Stelle – als sog. zweite Säule/Pflicht des Islams – steht das rituelle Gebet als spirituelle Begegnung mit Gott. Es wird fünfmal am Tag verrichtet: vor Sonnenaufgang, am Mittag, am Nachmittag, nach Sonnenuntergang und am späten Abend. Das Gebet kann überall verrichtet und nachgeholt werden, die Voraussetzung ist die Sauberkeit des Ortes. Das rituelle Gebet wird auf Arabisch gesprochen.
Es wird stehend begonnen und mit dem Erheben der Hände bis zum Schulter-/Kopfbereich und dem Ausspruch: „Gott ist größer" (Allahu akbar) eröffnet. Dann werden die Hände auf dem Brustkorb/Bauch übereinandergelegt und mindestens die eröffnende Sure des Korans (Sure 1: Die Eröffnende [al-Fatiha]) rezitiert. Danach wird in der gebeugten Stellung Gott gepriesen und dann in der aufrechten Stellung Gott gelobt. Während der Niederwerfung, bei der die Stirn den Boden berührt, wird die Allmacht Gottes gelobt, im Knien die Bitte um Gottes Segnung und seine Barmherzigkeit ersucht. Diese Gebetsstellungen werden je nach Gebet zwei bis viermal wiederholt. Das Gebet wird mit dem Dank und Lob an Gott, dem Gruß und Segenswünschen an die Gläubigen beendet. Dem rituellen Gebet kann ein persönliches Bittgebet (Du´a) in der Muttersprache folgen.

1 im Türkischen: Kuran
2 Sure 16. Die Biene: Digitale Bibliothek Band 46: Der Koran, S. 512 f. (vgl. Sure 16, 102) © Verlag W. Kohlhammer. – Übersetzung nach Rudi Paret.
3 Sure 56. Die hereinbrechende Katastrophe: Digitale Bibliothek Band 46: Der Koran, S. 946 (vgl. Sure 56, 76–80) © Verlag W. Kohlhammer. – Übersetzung nach Rudi Paret.
4 Weitere Adjektive sind denkbar, vgl. hierzu im Koran: 10:1 oder 31:1.
5 im Türkischen: Kelime-i Şehadet
6 im Türkischen: Abdest
7 im Türkischen: Namaz

Claudia Angele/Dunja el Missiri: Komm, ich zeig dir meine Kirche! – Komm, ich zeig dir meine Moschee! · Best.-Nr. 647
© Brigg Pädagogik Verlag GmbH, Augsburg

Das Freitagsgebet
(Khutbat al-djumuʿah- خطبة الجمعة)[8]
Da das Gemeinschaftsgebet verdienstvoller als das Gebet allein ist, versammeln sich Muslime v. a. zum Gemeinschaftsgebet am Freitag oder an religiösen Feiertagen in der Moschee. Die muslimische Gemeinschaft (Umma) wird durch die Solidarität in der Religionsausübung gestärkt.
Im Koran (62:9) heißt es:
„9 Ihr Gläubigen! Wenn am Freitag[9] *zum Gebet gerufen wird, dann wendet euch mit Eifer dem Gedenken Gottes zu und lasst das Kaufgeschäft (so lange ruhen)! Das ist besser für euch, wenn (anders) ihr (richtig zu urteilen) wisst.“* [10]

Der Freitag gilt in der muslimischen Vorstellung als Wochenfeiertag, jedoch nicht als „heiliger“ Tag, wie beispielsweise der Sonntag bei den Christen. Muslime dürfen sich vor und nach dem Gebet, der spirituellen Begegnung mit Gott, ihren weltlichen Beschäftigungen widmen.
Das Freitagsgebet ist in der muslimischen Gemeinschaft für Männer obligatorisch und für Frauen fakultativ. Den muslimischen Frauen wird hiermit die Freiheit eingeräumt, den häuslichen Alltag unabhängig von dieser Pflicht organisieren zu können.
Vor dem Freitagsgebet besteigt der Vorbeter (Imam) die Predigtkanzel (Minbar) und hält die Freitagspredigt (Khutba).

Die Freitagspredigt
(khutbat al-djumuʿah- خطبة الجمعة)[11]
Zur Einführung seiner Predigt (khutba) zitiert der Imam[12] einige Verse in arabischer Sprache aus dem Koran oder Aussprüche des Propheten. Die Predigt hält er, dem Vorbild des Propheten Muhammads gemäß, über theologische, ethische, politische oder aktuelle Themen in der Muttersprache der Anwesenden.

Merkmale einer Moschee (Außenansicht):

Das Minarett (al-mi'ḏanah- المئذنة)[13]
Das Minarett ist das äußere Kennzeichen einer Moschee, von dem aus der Gebetsopfer (Muezzin) zum Gebet ruft. Der hohe, oft schlanke Turm schließt häufig mit einem Halbmond ab.

Der Gebetsrufer (al-mu'aḏin- المؤذن)[14]
Der Gebetsrufer (Muezzin) ruft bzw. singt vom Turm der Moschee (Minarett) zum Gebet. In islamisch geprägten Regionen ertönt der Gebetsruf (Adhan) über Lautsprecher, manchmal werden auch Tonbänder abgespielt. Die Muslime werden so fünfmal am Tag zum Gebet aufgefordert (Iqama). In Deutschland darf der Gebetsruf nicht vom Minarett aus ertönen. Hier lädt der Vorbeter (Imam), der meist die Aufgabe des Gebetsrufes übernimmt, zum Gebet ein.

Der Gebetsruf (al-aḏān- الأذان)[15]
In islamisch geprägten Ländern werden die Muslime fünfmal am Tag vom Minarett aus durch den Ruf des Muezzins zum Gebet aufgefordert (Iqama). Der Gebetsruf ist in seiner Abfolge genau festgelegt und hat zum Hauptbestandteil das Glaubensbekenntnis (Shahada).

8 im Türkischen: Cuma Namazı
9 Hinweis zur wörtlichen Übersetzung nach Rudi Paret: „am Tag der Versammlung“.
10 Sure 62. Der Freitag: Digitale Bibliothek Band 46: Der Koran, S. 978 (vgl. Sure 62, 9) © Verlag W. Kohlhammer. – Übersetzung nach Rudi Paret.
11 im Türkischen: Hutbe
12 Eigentlich wird die Predigt vom Prediger (Khatib) gehalten – in vielen Moscheen, v. a. in Deutschland, ist dies der Imam (Vorbeter).
13 im Türkischen: Minare
14 im Türkischen: Müezzin
15 im Türkischen: Ezan oder Kamet

Claudia Angele/Dunja el Missiri: Komm, ich zeig dir meine Kirche! – Komm, ich zeig dir meine Moschee! · Best.-Nr. 647
© Brigg Pädagogik Verlag GmbH, Augsburg

Merkmale einer Moschee (Innenraum):

Vorbeter (imām- إمام)[16]
Der Vorbeter (Imam) leitet das Gemeinschaftsgebet der Muslime. Die deutsche Übersetzung „Vorbeter“ ist leicht missverständlich, denn sie impliziert, dass die Gläubigen dem Gebet des Imams folgen – jedoch findet das rituelle Gemeinschaftsgebet synchron statt. Wörtlich kann der Imam mit „Vorbild“ übersetzt werden. Jeder religionsmündige, fromme Muslim kann Imam sein, da keine festgelegte Ausbildung Vorschrift ist, – allerdings sind Kenntnisse des Arabischen und der Koranrezitation notwendig. Häufig haben die Vorbeter (Imame) Theologie oder Islamwissenschaft studiert. In Deutschland ist der Vorbeter auch der Vorsteher einer islamischen Gemeinde. Häufig übernimmt er neben dem Gebetsruf und der Anleitung des Gebets auch den Unterricht der Koranschule oder die Predigten. Der Imam ist kein Geistlicher, kein Priester, keine geweihte Person. Der Imam darf die Gemeinde nicht segnen und die Gemeinde darf ihn nicht segnen. Man darf sich gegenseitig aber Gottes Segen wünschen. Er hat auch keine vermittelnde Funktion, da nach muslimischer Überzeugung der Mensch keinen Vermittler zu Gott braucht, denn Gott ist dem Menschen näher als ihre Halsschlagader. So heißt es im Koran (50:16):
„16 Wir haben doch (seinerzeit) den Menschen geschaffen. Und wir wissen, was er sich selber (an bösen Gedanken) einflüstert, und sind ihm näher als die Halsschlagader.“ [17]
Bei den Schiiten ist der Imam ein von Gott geleiteter Führer. Ein Gemeinschaftsgebet unter Frauen kann auch von einer Frau geleitet werden.

Die Kaaba (al-Ka'ba- الكعبة)[18]
Die Kaaba ist ein würfelförmiges, leerstehendes Bauwerk, das mit schwarzen Tüchern bedeckt ist und gilt als zentrales „Heiligtum“ für Muslime. Sie ist für Muslime ein Symbol zur Erinnerung an den einheitlichen Ursprung der Menschen. Nach der Verführung durch den Satan setzte Gott den Menschen als seinen Stellvertreter, Statthalter oder für die Schöpfung-Verantwortlichen (Khalif) auf der Erde ein. Laut Koran kamen Adam und Eva getrennt auf die Erde und baten Gott um Gnade und Verzeihung ihrer Sünden. Gott verzieh ihnen. Im Umfeld der Kaaba durften Adam und Eva wieder zusammentreffen und wurden dort zu Vater und Mutter der Menschheit. Der Wiederaufbau der Kaaba als Anbetungsstätte für den einen Gott schließt im islamischen Verständnis mit dem Propheten Muhammad über den Propheten Abraham (Ibrahim) u. a. ab. Die gemeinsame Gebetsrichtung zur Kaaba (Qibla) hin verbindet betende Muslime auf der ganzen Welt.

Die Gebetsrichtung (al-qibla- القبلة)[19]
Zum Gebet wenden sich Muslime in Richtung Mekka bzw. der Kaaba. Die Gebetsrichtung (Qibla) ist das wichtigste Element eines Gebetsraumes (Musalla) und selbst in der einfachsten Moschee erkennbar. In vielen Moscheen wird die Gebetsrichtung bei fehlender Gebetsnische (Qibla) mit einem Bild der Kaaba angedeutet. Von Deutschland aus betrachtet liegt Mekka im Südosten.

Gebetsnische (miḥrāb- محراب)[20]
Die Gebetsnische (Mihrab) verweist auf die Gebetsrichtung (Qibla) und ist zumeist bogenförmig und verziert. Die konkave Form dient der besseren Akustik, sodass die Rezitationen des in dieser Gebetsnische (Mihrab) stehenden Vorbeters (Imams) durch den Raum widerhallen. Hinter dem Vorbeter (Imam) reiht sich die betende Gemeinde – in den vorderen Reihen die Männer, dahinter die Frauen – ein und folgt seinen Gebetsabläufen.

Predigtkanzel/Predigtstuhl (minbar- منبر)[21]
Die Predigtkanzel ist ein mehrstufiges Podest, auf dem der Vorbeter (Imam) seine Freitagspredigt hält. Die Kanzel befindet sich rechts von der Gebetsnische (Mihrab). Der Prediger (Chatib) bzw. der Vorbeter (Imam) stehen gewöhnlich auf unterer bis mittlerer Höhe des Podestes, die höchste Stufe bleibt im islamischen Verständnis dem Propheten Muhammad vorbehalten.

16 im Türkischen: Hodscha oder Imam.
17 Sure 50. Qaf: Digitale Bibliothek Band 46: Der Koran, S. 910 f. (vgl. Sure 50, 16) © Verlag W. Kohlhammer. – Übersetzung nach Rudi Paret.
18 im Türkischen: Kabe
19 im Türkischen: Kıble
20 im Türkischen: Mihrap
21 im Türkischen: Minber

Claudia Angele/Dunja el Missiri: Komm, ich zeig dir meine Kirche! – Komm, ich zeig dir meine Moschee! · Best.-Nr. 647
© Brigg Pädagogik Verlag GmbH, Augsburg

Vortragspult (kursi- كرسي)[22]
Das Vortragspult steht links von der Gebetsnische (Mihrab). Von hier aus werden Vorträge über religiöse, ethische, aber auch wissenschaftliche Themen gehalten. Wenn diese nicht der Vorbeter (Imam) hält, werden hierfür Experten eingeladen. Die Vorträge werden in der Muttersprache der Anwesenden gehalten.

Koranständer (kursi- كرسي)[23]
Um auf dem Boden sitzend den Koran lesen, rezitieren und auswendig lernen zu können, benutzt man einen Koranständer, auf den der Koran gelegt wird. In der muslimischen Glaubenspraxis wird der Koran, als Wort Gottes, nur ungern oder nicht ohne eine vorherige rituelle Waschung (Wudu) berührt.

Gebetsteppich
(sigādat aṣ-ṣalāh- سجادة الصلاة)[24]
Im Gebetssaal (Musalla) einer Moschee befinden sich keine Sitzbänke zum Beten, sondern ein Gebetsteppich, auf dem Linien zur Orientierung für das in Reihe stattfindende Gemeinschaftsgebet abgebildet sein können. Die Gebetsrichtung ist bei allen rituellen Gebeten gen Mekka bzw. der Kaaba. Ein spezieller Gebetsteppich wird von Muslimen ausschließlich zum Gebet verwendet und hierfür sauber gehalten.

Gebetskette (misbaḥa/sibḥa- (مسبحة/ سبحة)[25]
Die Gebetskette ist vergleichbar dem Rosenkranz in der katholischen Kirche und besteht aus 99 (bzw. 33 Perlen) in Anlehnung an die 99 Namen Gottes. Mit ihr werden – häufig nach dem rituellen Gebet – Kapitel (Suren) oder Verse (Aya) aus dem Koran rezitiert oder das Glaubensbekenntnis (Shahada) gesprochen.

Waschgelegenheit (mawda'a- موضأة)[26]
In Deutschland sind die Waschräume häufig in der Nähe der Gebetsräume untergebracht. Hier reinigen sich Frauen und Männer getrennt vor dem Gebet. Es gibt auch nach der Tradition des frühen Islams im Außenkomplex angelegte Brunnen oder Brunnenhäuser, meist in wärmeren Regionen, in denen Muslime sich vor dem Gebet rituell reinigen können.

Schuhregal (raf al'aḥḏya- رف الأحذية)
Da der Gebetsraum (Musalla) einer Moschee ohne Schuhe betreten wird, sind vor den Gebetsräumen Schuhregale aufgestellt, in denen die Schuhe vor dem Gebet abgelegt werden können.

Frauenbereich/Frauenempore
(muṣala saydāt- مصلى سيدات)
Die Frauenempore ist ein architektonisches Element, das vorwiegend in türkischen Moscheen zu finden ist. Um eine Trennung von Frauen und Männern während des rituellen Gebets zu erleichtern, befindet sich über dem Gebetsraum (Musalla) der Männer eine Empore für das Gemeinschaftsgebet der Frauen. In vielen Moscheen sind die Gebetsbereiche von Frauen und Männern voneinander getrennt. Wenn es keine getrennten Bereiche gibt, beten Frauen hinter den Männern, die beim Gemeinschaftsgebet hinter dem Vorbeter (Imam) stehen.[27]

22 im Türkischen: Kursi
23 im Türkischen: Kuran sehpası
24 im Türkischen: Namazla
25 im Türkischen: Tesbih
26 im Türkischen: Abdesthane
27 Eine weitere Empore oder Estrade (Dikkah) als leichte Erhöhung kann innerhalb des Gebetraumes (Musalla) hinten oder mittig angebracht sein. In dieser beten Imame, Muezzine oder wichtige Persönlichkeiten.

Claudia Angele/Dunja el Missiri: Komm, ich zeig dir meine Kirche! – Komm, ich zeig dir meine Moschee! · Best.-Nr. 647
© Brigg Pädagogik Verlag GmbH, Augsburg

Literaturhinweise für das Glossar zur Moschee:

Khoury, Adel Theodor/Hagemann, Ludwig/ Heine, Peter (Hrsg.) (1991): Islam-Lexikon. Geschichte – Ideen – Gestalten. Freiburg: Herder / Spektrum.

Elger, Ralf (Hrsg.) (2001): Kleines Islam-Lexikon. Geschichte – Alltag – Kultur. 3. Aufl., München: Beck.

Frishman, M./Khan, H.-U. (Hrsg.) (1995): Die Moscheen der Welt. Frankfurt/New York.

Hattstein, M. u.a.(Hg.) (2005): Islam. Kunst und Architektur, Köln.

Kraft, S. (2002): Islamische Sakralarchitektur in Deutschland. Eine Untersuchung ausgewählter Moschee-Neubauten, Münster.

Kühnel, E. (1949): Die Moschee. Bedeutung. Einrichtung und kunsthistorische Entwicklung der islamischen Kultstätte, Berlin.

Özdil, A.-Ö.(2002): Wenn sich die Moscheen öffnen. Moscheepädagogik in Deutschland; eine praktische Einführung in den Islam, Münster.

Thiem, Viola (2007): Die schönsten Gotteshäuser des Islams. Erftstadt: Hohe.

Vogt-Göknil, Ulya (1978): Die Moschee, Grundformen sakraler Baukunst. Zürich/München: Artemis-Verlag für Architektur.

Anschauungsmaterialien für den Unterricht:

Scriba, Franziska/Erdem, Ayten (2006): Naima und Jakob gehen in die Moschee. Olivenzweig Buchverlag.

Chebel, Malek/Hamani, Laziz (1999): Symbole des Islam. Bechtermünz Verlag, Augsburg.

Macaulay, Davis (2003): Sie bauten eine Moschee. Gerstenberg Verlag, Hildesheim.

Malbuch:
Kücükballi, Hatice (2005): Die schönsten Moscheen. Kücükballi Verlag, München.

Bastelbogen:
Gierhardt, Peter (Graphik) (2006): Möckmühler Arbeitsbogen Nr. 69: Moschee. Arbeitsbogen zum Ausschneiden und Zusammenkleben. Aue-Verlag, Möckmühl und Stuttgart.

Claudia Angele/Dunja el Missiri: Komm, ich zeig dir meine Kirche! – Komm, ich zeig dir meine Moschee! · Best.-Nr. 647
© Brigg Pädagogik Verlag GmbH, Augsburg

Glossar für Lehrerinnen und Lehrer zur Kirche

Außenansicht einer Kirche

Je nach Region und Epoche der Erbauung unterscheiden sich christliche Kirchen in der Gestaltung der Außenansicht deutlich voneinander. Einige Merkmale sind jedoch in der Außenansicht den Kirchen unterschiedlichster Epochen gemeinsam: Eine Kirche besteht in aller Regel aus den beiden Hauptteilen Kirchenschiff bzw. Langhaus (auch hier gibt es wiederum unterschiedliche Formen) und einem Kirchturm bzw. mehreren Kirchentürmen. An der Kirchturmspitze findet sich bei katholischen Kirchen ein Kreuz.
Je nach Epoche gibt es bei manchen Kirchenbauten zusätzlich ein Querschiff an der Ostseite und zwar im rechten Winkel zum Hauptschiff und ggf. einen kleineren Anbau, der die Sakristei beherbergt. Auch in der Außenansicht ist bei einigen Kirchen die sogenannte Apsis bereits erkennbar, die häufig in einem Halbrund das Kirchenschiff an der Ostseite beschließt. In der Regel sind in der Außenansicht mehrere Fenster zu sehen, dazu verschiedene, unterschiedlich große Eingangstüren oder auch nur eine Eingangstür. Die Haupteingangstüre ist häufig als Portal an der Westfassade besonders schön und kunstvoll gestaltet. Der Kirchturm (bzw. einer der Kirchtürme) fungiert als Glockenturm und beherbergt eine oder mehrere Glocken.

Glockenturm mit Glocke
Ein kennzeichnendes Merkmal in der Außenansicht christlicher Kirchen ist der Glockenturm, in dessen Innerem sich eine oder auch mehrere Glocken befinden. An der Spitze des Glockenturmes befindet sich bei katholischen Kirchen ein Kreuz. Glocken dienen seit alters her der Festlichkeit, der Abwehr von Unheil und als Signal für öffentliche Veranstaltungen. Seit dem 5./6. Jahrhundert wurden sie von Mönchen für den Ruf zum Gottesdienst übernommen. Glocken haben verschiedene Funktionen: Sie rufen zur gottesdienstlichen Versammlung, sie markieren den Gottesdienstbeginn und weitere Stationen im Verlauf des Gottesdienstes (z. B. Wandlungsläuten). Zudem künden sie Sonn- und Feiertage an und rufen auch an Wochentagen zu den Gebetszeiten am Morgen, am Mittag und am Abend. Auch in Notsituationen (z. B. Wetterläuten bei Unwettern) oder beim Tod eines Gemeindemitglieds (Scheidungsläuten) finden Kirchenglocken ihren Einsatz. Seit dem 8. Jahrhundert werden Glocken für ihren Dienst gesegnet. Die Reformation hat die Glocken beibehalten und kennt auch deren Segnung.

Innenansicht – ausgewählte Elemente

Weihwasserbecken
Im Eingangsbereich katholischer Kirchen befinden sich Weihwasserbecken mit geweihtem Wasser. Die Verwendung von Weihwasser ist im Westen seit dem 6. Jahrhundert belegt. Beim Betreten und beim Verlassen der Kirche tauchen katholische Christen eine Hand in das Weihwasser und machen das Kreuzzeichen zur Erinnerung an die Taufe auf Jesus Christus.

Kirchenbänke mit Kniebänken
In christlichen Kirchen finden sich Sitzgelegenheiten in Form von Bänken oder auch Stühlen. In katholischen Kirchen finden sich zudem an den Bänken Kniebänke zur Ausübung der Gebetshaltung des Kniens während bestimmter Phasen im Gottesdienstverlauf bzw. beim stillen, persönlichen Gebet. Die Liturgie als ganzheitliches, menschliches Tun braucht neben der Sprache den nonverbalen Ausdruck in verschiedenen Körperhaltungen (Aufrechtstehen, Gebeugtsein u. a.). Die gemeinsame liturgische Körperhaltung der ganzen im Gottesdienst versammelten Gemeinde ist Zeichen der Gemeinschaft und Einheit. Das Knien selbst ist Ausdruck der Demut, des Sich-Beugens vor der Größe und Macht Gottes, auch Zeichen der Buße und Bitte. Die Reformation hat den Brauch des Kniens weitgehend abgeschafft, während er in der katholischen Kirche bis heute praktiziert wird.

Altar mit Kreuz und Kerzen
Das Wort „Altar" kommt vom lateinischen Wort „altaria" und meint eigentlich „Brandopferstätte"; später kann eine Verbindung zum lateinischen Wort „altus" (hoch) festgestellt werden. In zahlreichen Kulturen ist mit dem Altar eine erhöhte Anlage zur Darbringung von Opfergaben an die Gottheit gemeint. Als Schlacht- und Opferstätte

Claudia Angele/Dunja el Missiri: Komm, ich zeig dir meine Kirche! – Komm, ich zeig dir meine Moschee! · Best.-Nr. 647
© Brigg Pädagogik Verlag GmbH, Augsburg

war der Altar im Volk Israel ein Ort der Begegnung zwischen Gott und Mensch. Der christliche Altar ist der Tisch, an dem das Abendmahl bzw. die Eucharistie gefeiert wird.
Er steht an einem herausgehobenen, zentralen Platz im Kirchenraum. In der Eucharistiefeier bereitet der Priester die Gaben von Brot (zumeist in Form von Oblaten, genannt Hostien) und Wein am Altar und spricht die dazugehörigen Gebete. Nach katholischem Verständnis ist in den gewandelten Gaben von Brot und Wein Jesus Christus gegenwärtig. Der Altar ist auch dann, wenn gerade kein Gottesdienst stattfindet, mit Altartuch, Altarkerzen und ggf. Altarschmuck in Form von Blumen geschmückt (außer am Karfreitag). Die Altarkerzen gehen zurück auf eine Zeit, in der es noch keine elektrische Beleuchtung in den Kirchen gab. In der Mitte des Altars findet sich das Altarkreuz. Das Kreuz als wichtigstes Symbol des christlichen Glaubens erinnert an Jesu Leiden und Sterben und an seine Auferstehung.

Tabernakel, Hostienschale, Ewiges Licht
Das Wort „Tabernakel" kommt vom lateinischen Begriff „tabernaculum" (Zelt). Gemeint sind der Ort und das Gehäuse, in dem die in der Eucharistiefeier gewandelten Hostien in einer Hostienschale oder einem Kelch aufbewahrt werden. Katholische Christen glauben an die Gegenwart Jesu Christi in den in der Eucharistiefeier gewandelten Hostien. Deshalb werden den im Tabernakel aufbewahrten, gewandelten Hostien Zeichen der Verehrung (Kniebeuge, Anbetung) entgegengebracht. Zum Zeichen der eucharistischen Gegenwart Jesu Christi brennt vor dem Tabernakel ununterbrochen ein Licht, das Ewige Licht. Diese Vorschrift, am Aufbewahrungsort der Eucharistie ein ständig brennendes Licht anzubringen, ist etwa seit Mitte des 13. Jahrhunderts bezeugt. Gemäß den liturgierechtlichen Bestimmungen seit 1964 ist als Ort für den Tabernakel ein würdiger Ort innerhalb (z. B. hinter oder neben dem Altar) oder außerhalb des Chorraumes (z. B. in einer Seitenkapelle) möglich. Die zumeist kunstvolle Gestaltung des Tabernakels zeigt in der Geschichte unterschiedliche Ausprägungen.

Priester
Das deutsche Substantiv „Priester" leitet sich vom Wort „Presbyter" (der Älteste) ab. In der frühen Kirche wurden hiermit lokale Gemeindeämter bezeichnet. Auch wenn Jesus sich selbst nach vorherrschender exegetischer Meinung nicht als priesterlich verstand, betrachtete ihn schon die frühe Kirche als „den wahren Hohenpriester" (Hebr 5,5), den einzigen Mittler zwischen Gott und den Menschen. Das Amt des Priesters ist in der katholischen Kirche Männern vorbehalten. Sie spenden die Sakramente, feiern die Eucharistie und leiten zusammen mit dem Kirchengemeinderat die Gemeinde.
Bei der Eucharistiefeier, aber auch in Wortgottesdiensten, werden sie von **Ministrantinnen und Ministranten** unterstützt. Der Ministrant/die Ministrantin (auch Messdiener genannt) hilft bei der Liturgie: Er/Sie übernimmt Hilfsdienste bei der Gabenbereitung in der Eucharistiefeier. In Wortgottesdiensten und Eucharistiefeiern tragen Ministranten durch die Verwendung von Weihrauch und Kerzen zur festlichen Gestaltung des Gottesdienstes bei.

Ambo
Der Begriff stammt vom griechischen Wort für „hinaufsteigen" ab. Der Ambo ist ein Lesepult, das sich im Altarraum befindet. Er lässt sich seit dem 4. Jahrhundert in griechischen Kirchen nachweisen. Der Ambo wird für Gebete, die Schriftlesung (Lesungstexte und Evangelium) sowie für die Predigt genutzt. Als Ausdruck der Würde des Wortes Gottes ist der Ambo – wie der Altar – künstlerisch gestaltet. Während das Vortragen des Evangeliums dem Priester oder Diakon und die Predigt in der Regel dem Priester, Diakon oder hauptamtlichen pastoralen Mitarbeiterinnen und Mitarbeitern vorbehalten ist, werden die Lesungstexte und Fürbitten in der Regel von Laien vorgetragen, von einem Lektor/einer Lektorin.
Bereits im 2. Jahrhundert wird der Dienst des Vorlesers erwähnt, der der christlichen Kirche aus der Tradition der Synagogen vertraut war. In den geschichtlichen Anfängen und dann vor allem wieder seit dem Zweiten Vatikanischen Konzil (1962–1965) war und ist der Lektorendienst ein Laiendienst, der das Vortragen von Lesungstexten vorsieht.

Bibel
Das Wort „Bibel" kommt aus dem Griechischen und bedeutet „das Buch". Als Bibel werden im Christentum die Heiligen Schriften des Alten (Ersten) Testaments und des Neuen Testaments bezeichnet. Sie gelten der Kirche als „Wort Gottes", was jedoch nicht meint, dass diese Schriften im Himmel verfasst oder von Gott diktiert worden sind. Die von Menschen verfassten Schriften werden vielmehr als von Gott inspiriert bewertet, als Gotteswort in Menschenwort.
Das Alte (Erste) Testament entspricht im Wesentlichen der hebräischen Bibel der Juden.

Claudia Angele/Dunja el Missiri: Komm, ich zeig dir meine Kirche! – Komm, ich zeig dir meine Moschee! · Best.-Nr. 647
© Brigg Pädagogik Verlag GmbH, Augsburg

Taufbecken und Osterkerze
Das Taufbecken (auch Taufbrunnen oder Taufstein) ist der Ort der Taufe und der Tauferinnerung in jeder Pfarrkirche. Durch die Taufe wird der Einzelne in die christliche Gemeinschaft aufgenommen. Die Taufliturgie des Zweiten Vatikanischen Konzils bezieht das Taufbecken wieder stärker mit ein, da hier (außerhalb der österlichen Festzeit) das Wasser zur Taufe geweiht wird und das Taufbecken der Ort der Taufe ist.
Da die Taufe Teilhabe an Jesu Tod und Auferstehung bedeutet, wird bei jeder Taufe die Taufkerze des Täuflings an der Osterkerze entzündet. Diese steht als Symbol für Jesus Christus, den Auferstandenen, neben dem Taufbecken – außer in der Zeit von Ostern bis Pfingsten, während der sie bei allen Gottesdiensten neben dem Ambo oder dem Altar brennt. Die Osterkerze wird in der Osternacht am Osterfeuer entzündet und trägt folgende Symbole: Kreuz, Alpha und Omega und die jeweilige Jahreszahl.

Beichtstuhl
Der Beichtstuhl ist der Ort der Einzelbeichte, in der katholische Christen das Sakrament der Buße empfangen. Der/die Beichtende bekennt in der Beichte Schuld und Versagen; der Beichtvater, ein Priester, spendet das Sakrament der Buße und der Versöhnung durch Wort, Kreuzzeichen und ggf. Handauflegung. Um größtmögliche Diskretion während der Beichte zu erhalten, wird ab dem 19. Jahrhundert der geschlossene Beichtstuhl die Regel, zumeist mit zweiseitiger Kniebank und dem Sitz für den Beichtvater in der Mitte. Durch die Trennung von Beichtvater und Beichtendem (oft durch ein Sprechgitter) verkümmerte die Geste der Handauflegung. Diese wird jedoch in der erneuerten Liturgie der Feier der Versöhnung mit Schriftverkündigung, Beichtgespräch, Sündenbekenntnis und Handauflegung wieder verstärkt aufgegriffen. Diese Form der Beichte, auch Beichtgespräch genannt, kann auch in einem offeneren Beichtraum oder Beichtzimmer stattfinden.

Marienfigur
In katholischen Kirchen finden sich verschiedene bildliche und figürliche Darstellungen von Maria, der Mutter Jesu. Die katholische Kirche versteht Maria als Urbild des Glaubens und zugleich als Fürsprecherin und Wegweiserin auf Jesus Christus hin. In der Volksfrömmigkeit haben sich, insbesondere im Mittelalter, zahlreiche Formen der Marienverehrung ausgeprägt (z. B. Wallfahrten, besondere Andachtsformen, Mariendichtung, Marienlieder, Marienmonat).
Auch Darstellungen von anderen Heiligen finden sich in katholischen Kirchen.

Orgel
Als Spezifikum in den westlichen christlichen Kirchen gilt die Orgel, welcher sowohl solistische wie auch begleitende Funktion in der musikalischen Gestaltung von Gottesdiensten zukommt. Die zeremonielle Verwendung der Orgel als Zeichen kaiserlicher Würde geht auf den römischen und byzantinischen Herrscherkult zurück. Während die Ostkirche auf Orgeln verzichtet, vollzieht sich ihre Ausbreitung im Westen im Zeitraum vom 8. bis zum 14. Jahrhundert. Orte für die Orgel im Kirchenraum können sein: eine eigens gestaltete Empore über dem Westportal, die Seitenwand des Hauptschiffes oder der Chorraum. Der Organist begleitet die Gemeinde beim gottesdienstlichen Gesang und gestaltet einzelne Passagen im Gottesdienst (z. B. Einzug, Kommunionempfang, Auszug) durch instrumentale Orgelmusik.

Alle Teile des Glossars zur Kirche wurden auf der Grundlage der entsprechenden Beiträge im LTHK (Lexikon für Theologie und Kirche) erstellt: Vgl. Buchberger, Michael (Begr.)/ Kasper, Walter (Hrsg.) (1994-2001): Lexikon für Theologie und Kirche, Freiburg: Herder, Band 1 bis 11.

Weiterführende Literatur zum katholischen Kirchenraum:

Buchberger, Michael (Begr.)/Kasper, Walter (Hrsg.) (1994-2001):
Lexikon für Theologie und Kirche, Freiburg: Herder, Band 1 bis 11.

Goecke-Seischab, Margarete-Luise/Harz, Frieder (2002):
Komm, wir entdecken eine Kirche. Tipps für Kindergarten, Grundschule, Familie. München: Kösel, 2. Auflage.

Heuser, August:
Manieren in Kirchenräumen? Kleiner römisch-katholischer Knigge. In: RU-Kurier 25/2004, S. 18–21.

Leimgruber, Stephan (2007):
Interreligiöses Lernen. München: Kösel Verlag.

Claudia Angele/Dunja el Missiri: Komm, ich zeig dir meine Kirche! – Komm, ich zeig dir meine Moschee! · Best.-Nr. 647
© Brigg Pädagogik Verlag GmbH, Augsburg

Meyer-Blanck, Michael/Fürst, Walter (Hrsg.) (2006):
Typisch katholisch – typisch evangelisch. Ein Leitfaden für die Ökumene im Alltag.
Freiburg: Herder Verlag.

Ministerium für Kultus, Jugend und Sport, Baden-Württemberg (Hrsg):
Bildungsplan 2004, Grundschule, Heft 1/2004, Villingen-Schwenningen: Neckar Verlag

http://www.isb.bayern.de/isb/download
(zum Download der in Bayern gültigen Grundschullehrpläne für Klasse 3 und Klasse 4).

Claudia Angele/Dunja el Missiri: Komm, ich zeig dir meine Kirche! – Komm, ich zeig dir meine Moschee! · Best.-Nr. 647
© Brigg Pädagogik Verlag GmbH, Augsburg

BRIGG Pädagogik VERLAG

Besser mit Brigg Pädagogik!

BRIGG Pädagogik VERLAG

Vielfältige Kopiervorlagen für einen gelungenen Religionsunterricht!

Ursula Heilmeier / Angelika Paintner

Religionsunterricht

informativ – kreativ – praktisch und mehr ...

Fantasievolle Ideen zu ausgewählten Themen des Rahmenplans katholische Religion in der Grundschule

1./2. Klasse
84 S., DIN A4,
mit Kopiervorlagen
Best.-Nr. 418

3./4. Klasse
92 S., DIN A4,
mit Kopiervorlagen
Best.-Nr. 419

Orientiert am Grundlagenplan zum katholischen Religionsunterricht werden in diesen Bänden exemplarisch wichtige Themen aus der 1./2. und 3./4. Klasse mit einer Variation von **kreativen Methoden** und **genauen Anleitungen** in die Praxis umgesetzt. Die zahlreichen durchdachten und praktischen Gestaltungsideen helfen, unterrichtliche Vielfalt zu verwirklichen, wecken Fantasie, Neugier, Interesse und Verständnis der Kinder für religiöse Inhalte.

Weitere Infos, Leseproben und Inhaltsverzeichnisse unter
www.brigg-paedagogik.de

Angelika Paintner

Mit Kindern die Perlen des Glaubens entdecken

Das Wirken Jesu im täglichen Leben deuten und erschließen

76 S., DIN A4,
mit Kopiervorlagen
Best.-Nr. 363

Zu jeder der **10 Perlen des Glaubens** finden Sie in diesem Band grundlegende Gedanken und Hintergrundinformationen, Thementexte aus der Literatur, praktische und didaktische Anregungen zum ganzheitlichen, kreativen Umgang für den Unterricht, Raum für eigene Gedanken und Notizen, abschließende Gebetsgedanken und perfekte Arbeitsblätter. Das **enthaltene Perlenbuch im DIN A5 Format**, das für jedes Kind kopiert werden kann, dient als Arbeitsheft und zur Lernkontrolle.

Juliane Linker

Mein Osterkalender

Fächerübergreifendes Projekt zur intensiven Gestaltung der Passions- und Osterzeit

ab Klasse 3

48 S., DIN A4,
Kopiervorlagen
Best.-Nr. 630

Ein **Mitmach-Kalender** für Kinder mit Mal- und Gestaltungsideen! Dieser Projektband für den **fächerübergreifenden Religionsunterricht** verhilft Kindern zu einem intensiven Erleben der Osterzeit. Durch seinen Aufbau verdeutlicht und vertieft der Kalender die biblischen Ereignisse und Abläufe zu Passion und Auferstehung.

Bestellcoupon

Ja, bitte senden Sie mir / uns mit Rechnung

_____Expl. Best.-Nr. ______________________

_____Expl. Best.-Nr. ______________________

_____Expl. Best.-Nr. ______________________

_____Expl. Best.-Nr. ______________________

Meine Anschrift lautet:

____
Name / Vorname

____
Straße

____
PLZ / Ort

____
E-Mail

____
Datum/Unterschrift Telefon (für Rückfragen)

Bitte kopieren und einsenden/faxen an:

Brigg Pädagogik Verlag GmbH
zu Hd. Herrn Franz-Josef Büchler
Zusamstr. 5
86165 Augsburg

☐ Ja, bitte schicken Sie mir Ihren Gesamtkatalog zu.

Bequem bestellen per Telefon / Fax:
Tel.: 0821 / 45 54 94-17
Fax: 0821 / 45 54 94-19
Online: www.brigg-paedagogik.de

BRIGG Pädagogik VERLAG

Besser mit Brigg Pädagogik!

Religion kreativ und handlungsorientiert unterrichten!

Zita Frede / Monika Schwenk / Karl-Heinz Schwenk

Religion erleben und kreativ gestalten

Fächerübergreifende Unterrichtsideen zum Hörspielklassiker

„An der Arche um Acht“

3./4. Klasse

64 S., DIN A4, mit Kopiervorlagen
Best.-Nr. 711

Die Grundlage ist das beliebte Hörspiel **„An der Arche um Acht“**. Zu jedem Hörspielteil finden sich **Kopiervorlagen und rhythmisch-musikalische Gestaltungsvorschläge**, mit denen sich die Kinder den Aussagen der jeweiligen Kapitel lesend, nachdenkend, schreibend, pantomimisch, durch Klänge kreativ gestaltend oder in Gesprächen nähern können.

Ingrid Walz / Christoph Riedel

Christliche Werte vermitteln – ganz konkret

Maria Magdalena

Ein handlungsorientierter Unterrichtszyklus

128 S., DIN A4, mit Kopiervorlagen
Best.-Nr. 715

Nach einer fundierten Einführung in die werteorientierte Religionspädagogik folgt ein **Unterrichtszyklus, dessen Lerninhalte in sechs Doppelstunden** erarbeitet werden. Mit präziser Darstellung des Stundenverlaufs, Kopiervorlagen, sechs Unterrichtserzählungen, Arbeitsblättern u.v.m.

Ludwig Waas

The Little Angel and the Shepherd Children

Ein Hirtenspiel für die Weihnachtszeit

44 S., DIN A4, Kopiervorlagen mit Lösungen
Best.-Nr. 381

Perfekt für Ihre Adventsfeiern: Ein neues weihnachtliches englisches Schulspiel! Ansprechend gestaltete Szenenbilder führen neue Wörter ein und machen die Schüler/-innen neugierig auf die Geschichte. **Mit deutscher Übersetzung, englischen Songs und Arbeitsblättern.**

Lothar Kuld

Wie Kinder und Jugendliche Religion verstehen

Das Entscheidende ist unsichtbar

104 S., kart.
Best.-Nr. 444

Das Buch beschreibt die **Entwicklung theologischer Konzepte** von der frühen Kindheit bis ins Jugendalter und wie Kinder und Jugendliche durch das Mitmachen und Beobachten ihrer Mitwelt schließlich religiöse Selbstständigkeit gewinnen.

Weitere Infos, Leseproben und Inhaltsverzeichnisse unter
www.brigg-paedagogik.de

Bestellcoupon

Ja, bitte senden Sie mir / uns mit Rechnung

_____Expl. Best.-Nr. ____________________

_____Expl. Best.-Nr. ____________________

_____Expl. Best.-Nr. ____________________

_____Expl. Best.-Nr. ____________________

Meine Anschrift lautet:

Name / Vorname

Straße

PLZ / Ort

E-Mail

Datum/Unterschrift Telefon (für Rückfragen)

Bitte kopieren und einsenden/faxen an:

Brigg Pädagogik Verlag GmbH
zu Hd. Herrn Franz-Josef Büchler
Zusamstr. 5
86165 Augsburg

☐ Ja, bitte schicken Sie mir Ihren Gesamtkatalog zu.

Bequem bestellen per Telefon / Fax:
Tel.: 0821/45 54 94-17
Fax: 0821/45 54 94-19
Online: www.brigg-paedagogik.de

Besser mit Brigg Pädagogik!

Methoden- und Sozialkompetenz fächerübergreifend vermitteln!

Andrea Mayers / Yvonne Winkler

Sozial- und Selbstkompetenz lernen

Sinnvoll arbeiten mit modernen, methodengerechten Materialien in der Grundschule

100 S., DIN A4,
mit Kopiervorlagen und Audio-CD
Best.-Nr. 705

Eine gute Unterrichtsgrundlage für die Entwicklung wichtiger **sozialer Schlüsselkompetenzen**. Die Kinder arbeiten methodisch variantenreich in Rollenspielen, mit Hörspielen und Beobachtungsaufträgen. Diese **fächerübergreifenden Unterrichtssequenzen** sind ohne großen Vorbereitungsaufwand einsetzbar.

Weitere Infos, Leseproben und Inhaltsverzeichnisse unter
www.brigg-paedagogik.de

Renate Potzmann

Wie lerne ich erfolgreich?

Planvolles Lernen und Arbeiten in der Schule und zu Hause

3./4. Klasse

116 S., DIN A4,
mit Kopiervorlagen
Best.-Nr. 407

Ein **umfassendes Praxisbuch** mit einer Fülle von Vorlagen und Übungen! Die Trainingsbausteine ermöglichen ein Förderprogramm, das bei Grundschülern schrittweise eine **erfolgreiche Lern- und Arbeitshaltung** aufbaut. Die Kinder werden individuell auf selbstorganisiertes Lernen vorbereitet und versuchen verstärkt, eigene Lernwege zu beschreiten. Ideal für den Übertritt in die weiterführende Schule!

Marc-Thilo Hartmann / Sarah Koß

Sorgfalt, Konzentration und Präzision üben und stärken

Fächerübergreifende Materialien für die 3./4. Klasse

56 S., DIN A4,
Kopiervorlagen mit Lösungen
Best.-Nr. 565

Mit dieser Zusammenstellung von vielfältigen Übungen trainieren Sie fächerübergreifend gezielt **genaues Lesen, konzentriertes und ordentliches Arbeiten sowie Durchhaltevermögen** beim Lösen schwierigerer Aufträge. Die einzelnen Aufgaben eignen sich bestens für kurze Übungsphasen im Unterricht, z. B. als Abwechslung oder auch zur Stundeneinführung. Viele der Herausforderungen und Spiele können den Schülern zur weiteren Förderung an die Hand gegeben werden.

Christa Koppensteiner

Gute Umgangsformen

Übungsbausteine für den Unterricht zur Förderung der Sozialkompetenz

ab Klasse 3

60 S., DIN A4,
Kopiervorlagen mit Lösungen
Best.-Nr. 455

Die **fünf Übungsbausteine** tragen im Unterricht erfolgreich dazu bei, die Klassengemeinschaft zu verbessern, das Selbstvertrauen zu stärken, den respektvollen Umgang mit anderen zu üben und zu lernen, positiv zu kommunizieren und Konfliktlösungsstrategien kennenzulernen und anzuwenden. Mit **gut aufbereiteten Arbeitsmaterialien**.

Bestellcoupon

Ja, bitte senden Sie mir / uns mit Rechnung

_____Expl. Best.-Nr. ____________________

_____Expl. Best.-Nr. ____________________

_____Expl. Best.-Nr. ____________________

_____Expl. Best.-Nr. ____________________

Meine Anschrift lautet:

Name / Vorname

Straße

PLZ / Ort

E-Mail

Datum/Unterschrift — Telefon (für Rückfragen)

Bitte kopieren und einsenden/faxen an:

Brigg Pädagogik Verlag GmbH
zu Hd. Herrn Franz-Josef Büchler
Zusamstr. 5
86165 Augsburg

☐ Ja, bitte schicken Sie mir Ihren Gesamtkatalog zu.

Bequem bestellen per Telefon / Fax:
Tel.: 0821 / 45 54 94-17
Fax: 0821 / 45 54 94-19
Online: www.brigg-paedagogik.de